Eberhardt Hofmann

Lassen Sie sich nicht manipulieren!

Eberhardt Hofmann

Lassen Sie sich nicht manipulieren!

Einflussnahme erkennen
Eigene Interessen wahren
Manipulation abwehren

mvg Verlag

Bibliografische Information der Deutschen Bibliothek
Die Deutsche Bibliothek verzeichnet diese Publikation in der Deutschen Nationalbibliografie; detaillierte bibliografische Daten sind im Internet über http://dnb.ddb.de abrufbar.

Die gebundene Ausgabe erschien unter der ISBN 3-478-73450-9.

Umschlaggestaltung: Vierthaler & Braun Grafikdesign, München
Satz: Redline GmbH, J. Echter
Druck und Bindearbeiten: Ebner & Spiegel, Ulm
Printed in Germany 07082/050502
ISBN 3-636-07082-7

Inhaltsverzeichnis

Einführung und Überblick

In dem vorliegenden Buch geht es um soziale Kompetenz und um Manipulation. Der Begriff der sozialen Kompetenz ist eher weitläufig und unscharf. Im Zusammenhang mit diesem Buch verstehe ich darunter die Fähigkeit, die eigenen Anliegen in einer nichtmanipulativen Art und Weise im sozialen Kontext zu formulieren und durchzusetzen, sowie die Fähigkeit zur Abwehr von Manipulation, die durch andere Menschen ausgeübt wird. Das Thema Manipulation hat dabei verschiedene Fassetten. Es beschäftigt sich natürlich mit den Mechanismen, mit denen wir einen anderen Menschen zu manipulieren versuchen. Darüber hinaus geht es aber auch um die Art der Manipulation, bei der man selbst seine Absichten (Forderungen an andere zu stellen oder Forderungen von anderen abzulehnen) nicht nachdrücklich genug vertritt. Eine dritte Form der Manipulation findet weniger im sichtbaren Verhalten, sondern eher im Kopf statt, indem man sich durch die Art der Gedanken selbst manipuliert.

Die zentrale These dieses Buches ist dabei, dass man es in schwierigen Situationen oft vermeidet, sich eindeutig zu verhalten. Diese Zweideutigkeit im Auftreten wird von Menschen, die andere manipulieren wollen, sehr schnell erkannt und in der Regel dann sehr effizient ausgenutzt. Mein Ziel war daher, Techniken zu beschreiben, mit denen man eine größtmögliche Eindeutigkeit im Verhalten gegenüber anderen Menschen erreichen kann. Dazu werden jeweils auch gezielte Übungen vorgestellt.

Warum gibt es diese Uneindeutigkeit im Verhalten, die besonders in eher schwierigen sozialen Situationen auftritt? Sie entsteht gewöhnlich in einem langen (Ab-) Erziehungsprozess. Kinder sind von Natur aus sehr eindeutig und direkt. Der Zustand der Nichtmanipulation, des klaren Äußerns von Wünschen entspricht eher dem „Urzustand“, der im Laufe der (Lern-)Erfahrungen „verschüttet“ wird. Die eigenen Anliegen werden dann nicht mehr direkt geäußert, sondern manipulativ verpackt. Wenn man sich über lange Zeit hinweg uneindeutig verhält, kann dies dazu führen, dass man auch im gedanklichen Formulieren uneindeutig wird. Daher sind alle in diesem Buch beschriebenen Verhaltenstechniken auch gedankliche Klärungstechniken. Nur dann, wenn eine eindeutige gedankliche Klärung dessen, was man will oder nicht will, stattgefunden hat, kann man sich auch gegenüber anderen Menschen eindeutig verhalten.

Was bewirkt Uneindeutigkeit im Verhalten gegenüber anderen Menschen im eigenen Privat- und Berufsleben? Zunächst können dadurch für die Person, die sich uneindeutig verhält und dadurch leicht manipulierbar ist, handfeste objektive Nachteile entstehen. Wenn sie diese erlebt, wird das zudem zu einer unangenehmen emotionalen Reaktion führen, die einerseits aus den objektiven Nachteilen, andererseits aber auch aus der Tatsache resultiert, dass sich die Person nicht oder nicht rechtzeitig gegen die Manipulation wehren konnte.

Für die Arbeitssituation ist es fatal, wenn Manipulation zu einem wesentlichen Steuerungsprozess wird. Das Verhalten der Akteure wirkt sich auf die Arbeitsleistung aus. Es wird viel Blindleistung in Form mikropolitischer Aktivitäten verbraucht, das Klima im Arbeitsumfeld wird zusätzlich verschlechtert.

Ziel dieses Buches ist, Verhaltenstechniken und Prozesse aufzuzeigen, die einen nichtmanipulativen Umgang mit anderen Menschen erleichtern. Gegenstand des ersten Kapitels ist die Definition des Begriffs „Manipulation“ sowie die Beschreibung der verschiedenen Manipulationsmechanismen. Sie zu kennen ist wichtig, um eine manipulative Situation schnell identifizieren zu können und dadurch die Grundlage für eine effektive Reaktion zu schaffen.

Das zweite Kapitel beschäftigt sich mit der Rolle der Kommunikation. Jede Art der Manipulation kann nur durch Kommunikation vermittelt werden. Um das zu verdeutlichen, wird zuerst ein allgemeines Modell der Kommunikation vorgestellt und danach werden notwendige Erweiterungen dieses Modells beschrieben.

Im dritten Kapitel geht es um den Umgang mit destruktiver Kritik und verbalen Angriffen. Der Prozess, der mit einem Angriff ausgelöst werden soll, wird hier analysiert. Danach wird eine Reihe von Kontertechniken auf verbale Angriffe vorgestellt, deren Ziel ist, das Spiel des Angreifers nicht mitzuspielen, sondern gezielt den Prozess, den der Angreifer initiieren möchte, zu unterbrechen.

Das vierte Kapitel zeigt, wie man konstruktive Kritik formuliert. Dazu wird zunächst zwischen konstruktiver und destruktiver Kritik unterschieden und dann ein Verhaltensschema zur Formulierung konstruktiver Kritik vorgestellt.

Das fünfte Kapitel befasst sich mit dem eindeutigen Stellen und dem eindeutigen Ablehnen von Forderungen. Besonderer Wert wird dabei auf die exakte verbale Formulierung der jeweiligen Forderungen beziehungsweise Ablehnungen gelegt.

Im Unterschied zu Kapitel eins bis fünf, wo es um Techniken geht, die sich im Verhalten äußern, widmen sich Kapitel sechs und sieben Prozessen, die nur für einen selbst wahrnehmbar sind. Kapitel sechs beschreibt den Einfluss der Atmung auf die körperliche Anspannung und stellt darauf aufbauend einige Atemübungen vor, die es erlauben, die Anspannung sehr schnell zu vermindern.

Das siebte Kapitel erläutert dann die gedanklichen Prozesse, die mit dem Thema Manipulation und Selbstsicherheit in Beziehung stehen. Es hebt die Bedeutung von Leitideen hervor und identifiziert hinderliche Leitideen. Abschließend stellt es ein Verfahren vor, mit dessen Hilfe hinderliche Leitideen modifiziert werden können.

Zu guter Letzt werden in Kapitel acht wichtige Prinzipien der gezielten Verhaltensänderung beschrieben. Sie können sehr hilfreich sein, damit man Verhaltensabsichten mit einer höheren Wahrscheinlichkeit auch tatsächlich realisieren kann.

Friedrichshafen, Januar 2004 *Eberhardt Hofmann*

KAPITEL 1:

MANIPULATION

Dieses Kapitel beschäftigt sich mit verschiedenen Methoden wirksamer Manipulation. Es umfasst bestimmt nicht alle Möglichkeiten der Manipulation, liefert jedoch einen Orientierungsrahmen, um die vielen Methoden zu systematisieren und dadurch leichter (er-)fassbar zu machen. Da es sich bei der Aufstellung um keine exakte Systematik handeln kann, gibt es dabei sicherlich auch einige Unschärfen und Überschneidungen.

Was ist Manipulation?

Manipulation ist ein alltägliches Phänomen. Wir wollen ständig, dass unsere Mitmenschen etwas für uns tun oder anderes unterlassen. Genauso möchten andere Leute dauernd, dass wir etwas für sie tun oder eben etwas nicht machen. Das ist natürlich und legitim. Schwierig wird es dann, wenn das, was man tun oder lassen soll, nicht offen ausgesprochen wird, wenn man absichtlich getäuscht wird oder wenn man zu Dingen, die man „eigentlich“

nicht will, überredet wird. In diesen Fällen hat man es mit Manipulation zu tun.

Sehen wir uns zunächst einige Definitionen des Begriffs „Manipulation“ an.

Definitionen des Begriffs „Manipulation“

Nach Meyers großem Handlexikon (1985) bedeutet Manipulation „Kunstgriff“ oder „Machenschaft“.

Mackensen (1971) definiert Manipulation als Eingriff, Handhabung, Zurechtmachung (ohne den Willen des Betroffenen), Machenschaften, Zurechtmachung der Ware nach den Verbraucherwünschen.

Smith (1990) versteht unter Manipulation Folgendes: Manipulation ist, wenn man eine andere Person veranlasst, etwas zu tun, und sie über die Ziele im Unklaren lässt oder über die Ziele täuscht.

Edmüller (2001) definiert: Manipulation ist der bewusste oder unbewusste Einsatz unfairer Verhaltensweisen.

Wenn Manipulation eingesetzt wird, findet also keine „freie“ und offene Kommunikation, sondern eher ein (eventuell auch gegenseitiges) Versteckspiel statt. Das Gegenteil von Manipulation ist somit das klare Ausdrücken der eigenen Wünsche bzw. die klare und eindeutige Ablehnung von Forderungen.

Manipulation war also offenbar immer dann am Werk, wenn man etwas getan hat, das man „eigentlich“ gar nicht tun wollte. Das kann bei konkreten Handlungen der Fall sein oder auch dann, wenn man gewisse Argumentationen übernimmt oder ihnen nicht widerspricht.

Eine pragmatische Definition von Manipulation

Es handelte sich offenbar immer dann um Manipulation, wenn man etwas getan (oder gelassen) hat, das man eigentlich gar nicht wollte (oder unbedingt tun wollte), und wenn man die Diskrepanz zwischen dem, wie man sich verhalten hat, und dem, wie man sich eigentlich verhalten wollte, als störend empfand.

In den zuvor genannten Definitionen wird darauf verwiesen, dass Manipulation nicht notwendigerweise bewusst eingesetzt werden muss. Vielen Menschen, die manipulieren, sind sicherlich die in diesem Buch beschriebenen Mechanismen nicht in der Form bewusst, dass sie die von ihnen angewendeten Strategien ohne Weiteres benennen könnten. Wie haben sie (und natürlich auch wir selbst) dann die entsprechenden Techniken erlernt? Das geschah ganz einfach dadurch, dass sie gemerkt (gelernt) haben, dass die eine oder andere Methode wirksam ist. Daher wurde sie „automatisch" öfter herangezogen und hat sich im Laufe der Zeit als eine effiziente Reaktionsweise im Verhaltensrepertoire etabliert. Dieser Lernprozess vollzieht sich genau auf dieselbe Weise auch in vielen anderen Lebensbereichen.

Um auf Manipulationsversuche angemessen reagieren zu können, muss man sich im ersten Schritt darüber klar werden, wann und wie man manipuliert wird, d. h., man muss erkennen, dass und wie andere Personen Manipulationstechniken einsetzen. Zu diesem Zweck werden nachfolgend verschiedene Schemata vorgestellt, mit deren Hilfe man Manipulationstechniken systematisieren und dadurch besser erkennen kann. Da Manipulation auch etwas mit der Kreativität des Manipulierers zu tun hat, kann diese Auflistung nicht vollständig sein. Es gibt aber einige allgemeine Prinzipien und sehr weit verbreitete Techniken, die einen Großteil der im Alltag auftretenden Manipulationsstrategien leichter wahrnehmbar machen. Darüber hinaus ist es wichtig, zu wissen, auf welchen Manipulationsmechanismus man selbst leicht hereinfällt. Nachfolgend sind einige weit verbreitete, beliebte und erprobte Manipulationsstrategien aufgeführt.

Überredungstechniken

Eine erste Gruppe von Manipulationsmethoden stellen die Überredungstechniken dar. Wenn man jemanden zu etwas überreden will, das dieser eigentlich nicht tun möchte, so hat man prinzipiell eine ganze Menge Möglichkeiten, ihn doch noch dahin zu bringen. Diese Vielfalt lässt sich jedoch gut strukturieren, indem man die Hauptmechanismen alphabetisch auflistet.

Möglichkeiten der Manipulation

A. Appell an das schlechte Gewissen: „Ich habe schon so viel für dich getan!“

B. Belohnungen versprechen: „Wenn du das für mich tust, werde ich auch ... für dich tun.“

C. Konsequenzen androhen: „Wenn du mir nicht entgegenkommst, werde ich ...“

D. Diskriminieren: „Mein Anliegen ist viel wichtiger als deines.“

E. Egalisieren: „Jeder muss etwas zum gemeinsamen Wohl beitragen."

F. Fremdargumente: „Amerikanische Verhaltensforscher haben herausgefunden, dass in gut funktionierenden Beziehungen jeder einmal etwas für den anderen tun muss."

G. Gescheiter sein: „Betrachte es doch einmal logisch ..."

Z. Zeitdruck: „Jetzt ist keine Zeit zum Diskutieren, wir müssen jetzt schnell handeln."

Diese Überredungstechniken sind besonders relevant, wenn es darum geht, den anderen zu etwas zu bewegen, das dieser eigentlich gar nicht will. Ihr Einsatz und die Möglichkeiten, ihnen zu entgehen, werden ausführlich in Kapitel 5 behandelt.

Killerphrasen

Die so genannten Killerphrasen bilden die zweite Gruppe von Manipulationstechniken. Killerphrasen sind Standardphrasen, die die Diskussion oder das Gespräch über ein Thema sehr schnell unterbinden sollen. Beispiele für solche „bewährten" Killerphrasen sind nachfolgend aufgeführt.

Beispiele für Killerphrasen

- Das kann so gar nicht funktionieren.
- Darüber brauchen wir gar nicht zu reden.
- Wozu ändern? Es funktioniert doch!
- Haben Sie damit überhaupt Erfahrungen?
- Darüber sind wir uns ja wohl schon einig.
- Das System hat sich bewährt.
- Das hatten wir doch schon mal.
- Das ist Ihr Problem.
- Das geht so nicht.
- Regen Sie sich doch nicht so auf!
- Das sehen Sie völlig falsch.
- Was haben Sie sich dabei gedacht?
- Wissen Sie überhaupt, wovon die Rede ist?
- Haben Sie sich überhaupt schon einmal mit dem Thema beschäftigt?
- Haben Sie überhaupt zugehört?
- Ihnen kann man auch alles erzählen.

Was kann man gegen Killerphrasen tun? Wichtig ist zuerst wiederum, sie zu (er-)kennen. Wenn sie dann in Gesprächen auftauchen, kann man sein Gegenüber unterbrechen und darauf hinweisen. Eine gute Möglichkeit ist auch, am Anfang einer Diskussion oder eines Gesprächs als Regel der Zusammenarbeit zu vereinbaren, solche Phrasen nicht zu verwenden. Dazu holt man das Einverständnis der Gesprächspartner vorab ein. Man wird dieses Einverständnis praktisch immer erhalten, da ja niemand ernsthaft behaupten will, man könne mit solchen Killerphrasen eine sinnvolle Diskussion führen. Schließlich muss man dann nur noch kontrollieren, dass alle Beteiligten sich an die Vereinbarung halten. Diese Methode kann noch weiter ausgebaut werden, indem man zu Beginn einer Diskussion Killerphrasen sammelt, aufschreibt und sichtbar aufhängt oder indem man bereits eine Auflistung von Beispielen mitbringt.

Mikropolitik

Als „mikropolitische" Techniken bezeichnet man eine dritte Gruppe von Manipulationsstrategien, die insbesondere im beruflichen Alltag eine Rolle spielen. Der Begriff wurde erstmals von Burns (1962) verwendet. Im deutschen Sprachraum wurde er vor allem durch die Veröffentlichung von Bosetzky (1980) bekannt. Er versteht unter Mikropolitik „die Bemühungen, die systemeigenen materiellen und menschlichen Ressourcen zur Erreichung persönlicher Ziele, insbesondere des Aufstiegs im System selbst und in anderen Systemen, zu verwenden, sowie zur Sicherung und zur Verbesserung der eigenen Existenzbedingungen".

Unter Mikropolitik versteht man also das Arsenal jener alltäglichen kleinen (Mikro-)Techniken, mit denen Macht aufgebaut und eingesetzt wird, um den eigenen Handlungsspielraum zu erweitern und sich fremder Kontrolle zu entziehen. Mikropolitische Techniken werden hauptsächlich in hierarchischen Systemen angewendet, um sich innerhalb dieser Systeme längerfristige Vorteile zu verschaffen. Ein wichtiges Charakteristikum der Mikropolitik ist, dass sie in ihren Aktionen zugleich ihre Existenz verbirgt oder leugnet. Sie wirkt unerkannt am besten. Die nachfolgende Beschreibung (in Anlehnung an Krüper & Ortmann, 1988) stellt sehr konzentriert und grob mikropolitische Techniken dar. Sie wirkt vielleicht etwas überzeichnet, umfasst aber die wichtigsten Strategien, deren sich fast alle Menschen in ähnlicher Form im Alltag intuitiv bedienen.

Mikropolitische Techniken

1. Informationskontrolle

- Informationsfilterung
- Informationszurückhaltung
- Informationsüberflutung
- Informationsverzerrung
- Informationsbeschönigung
- Informationsverfälschung
- Gezielte Falschinformation
- Vernichten von Unterlagen
- Dosiertes Informieren
- Andere von Informationen abschotten
- Vorbereitete Formulierungen scheinbar spontan vorschlagen

- Fachsprache einsetzen, um zu beeindrucken
- Irrelevante Informationen verbreiten
- Nebenkriegsschauplätze eröffnen
- Gerüchte verbreiten
- Sich absichtlich so ausdrücken, dass man falsch verstanden wird
- Zugang zu Informationen erschleichen
- Informanten platzieren
- Durch Kontaktpflege zu Informationen gelangen
- Dritten Insiderinformationen zuspielen
- Vertraulichkeit verletzen
- Spezialwissen ansammeln
- Expertenstatus beanspruchen

2. Einfluss auf Verfahren und Regeln nehmen

- Präzedenzfälle, Gewohnheiten, Besitzstände, Traditionen etc. geltend machen
- Entscheidungsprozeduren beeinflussen
- Passende Maßstäbe auswählen
- Auf Autoritäten berufen
- Bestimmte Alternativen abwürgen
- Scheinabstimmungen
- Scheinbar neutrale (in Wirklichkeit bestellte) Dritte zur Schlichtung rufen

3. Beziehungspflege

- Verdeckte Absprachen
- Schaltstellen mit loyalen Personen besetzen
- Auf mächtige Verbündete hinweisen
- Unbequeme Leute isolieren
- Jemanden zum Sündenbock machen
- Jemandem eigene Fehler in die Schuhe schieben
- Entzug von Privilegien
- Zuschanzen von Ressourcen
- Sich in den Schutz eines „Patrons" begeben
- „Radfahren"
- Schleimen
- Nach dem Mund reden
- Den Dienstweg umgehen (bypassen)

4. Selbstdarstellung

- Andere öffentlich herausfordern
- Bluffen
- Einschüchtern
- Sich stur stellen
- Offene Befehlsverweigerung
- Andere im Unklaren lassen

- In aller Munde sein
- Über sich gut reden (lassen)
- Fassadentechniken (vgl. Kapitel 2)
- Mit Statussymbolen Eindruck schinden
- Durch auffällige Aktionen die eigene „Sichtbarkeit" erhöhen

5. Handlungsdruck erzeugen

- Termine setzen und kontrollieren
- Termine verschieben/nicht einhalten
- Unrealistische Forderungen stellen und sich herunterhandeln lassen
- Formelle Verfahren (Beschwerde, Gericht, Betriebsrat etc.) androhen
- Sanktionen ankündigen
- Anderen Motive unterstellen, personalisieren

Wenn im persönlichen Umfeld mikropolitische Techniken angewandt werden, kann man sich entweder dafür entscheiden, diese Spiele mitzumachen, oder man kann beschließen, sich in einem solchen eher schwierigen Umfeld klar zu äußern, sich eindeutig zu positionieren und zu verhalten. Man muss dabei für sich klären, in welchen Lebensbereichen man eine offene und authentische Kommunikation anstreben will und in welchen Lebensbereichen man mikropolitisch handeln will. Und man muss natürlich auch bedenken, wie sich die Anwendung mikropolitischer Strategien langfristig auf das eigene Image und somit auf die Beziehungen zu anderen Menschen auswirkt. Kurzfristige handfeste Vorteile können sich nämlich sehr schnell in längerfristige Nachteile verwandeln. Die Mitmenschen werden jemandem, von dem bekannt ist, dass er mikropolitisch agiert, wohl eher reserviert begegnen.

Auf längere Zeit kann der Einsatz von Mikropolitik kaum geheim erfolgen. Es wird sich zumindest herumsprechen, dass eine Person häufig mikropolitische Techniken anwendet. Damit verlieren sie ihre Wirkung (die sie nur im Verborgenen entfalten können). Wenn man für sich entscheidet, nicht bei dem mikropolitischen Spiel mitzumachen, so kann man unter Umständen in gewissen Organisationen seine persönlichen Ziele nicht verwirklichen. Es bleiben dann nur noch die Alternativen, die Organisation zu verlassen oder diesen unangenehmen Zustand zu ertragen. Im Privatsektor dagegen lassen sich mikropolitische Strategien schwieriger anwenden, da dort die Beziehungen freiwillig eingegangen werden und im Gegensatz zum Arbeitsleben zumindest im Prinzip auch leichter aufkündbar sind.

Wertediskussionen

Geschrieben steht:
„Im Anfang war das Wort"
Hier stock' ich schon!
Wer hilft mir weiter fort?
Ich kann das Wort
So hoch unmöglich schätzen
(...)
Mir hilft der Geist!
Auf einmal seh' ich Rat
Und schreib' getrost:
„Im Anfang war die Tat."

(Faust I)

Der Unterschied zwischen verbalem Bekunden und realem Tun

Ein weiteres, ebenfalls besonders im beruflichen Alltag weit verbreitetes Manipulationsinstrument ist der Widerspruch zwischen offiziell verkündeter Absicht, verkündeten Werten, verkündeten Handlungsmaximen etc. und dem konkreten Handeln. Die wahre Handlungsabsicht wird dadurch verschleiert, dass man mit vielen Worten eine meist idealisierte und allgemein anerkannte Handlungsweise beschwört. Die – meist berechtigte – Hoffnung besteht dann darin, dass folgender Fehlschluss erfolgt: Wer so oft so redet, muss auch so handeln. Dabei wird unterstellt, dass Sprechen (verbales Verhalten) und Handeln (reales Verhalten) identisch sind oder zumindest in einem sehr engen Zusammenhang stehen. Dass diese These jedoch wenig realistisch ist, sollen die folgenden zwei Beispiele erläutern:

Im Rahmen eines Assessment-Centers (eines Gruppenauswahlverfahrens für Nachwuchsführungskräfte) wurden Einzelinterviews geführt, um die verbal bekundete Führungsmotivation zu erfassen. Die daraus gewonnene Einschätzung wurde daraufhin mit dem realen Verhalten der jeweiligen Kandidaten in verschiedenen Gruppensituationen verglichen. Die Korrelation der beiden Werte lag unter 0,40, was einem eher geringen Zusammenhang entspricht. Es gab also relativ viele Kandidaten, die im Interview ihre Motivation, Gruppen zu führen, sehr überzeugend darstellten, die aber in genau dieser Situation dann das entsprechende Verhalten nicht zeigten, und umgekehrt. Diese mangelnde Übereinstimmung könnte nun daher rühren, dass das Interview schlecht geführt und somit die Verhaltensabsicht nicht richtig erfasst wurde. Dagegen spricht, dass das Interview mit ca. 40 Minuten Länge sehr ausführlich war und von zwei Psychologen durchgeführt wurde, sowie die Tatsache, dass durchgängig über alle empirischen Untersuchungen gleiche Werte berichtet werden.

Ein weiteres, sehr drastisches Beispiel für die Divergenz von Sprechen und Tun stellen die beliebten Leitsätze zur Führung und Zusammenarbeit im Unternehmen dar. Fast alle Unternehmen besitzen solche Hochglanzbroschüren, in denen das Verhalten der Mitarbeiter (insbesondere das der Führungskräfte) beschrieben wird. Die Bedeutung solcher Leitsätze wird jedoch durch zwei Sachverhalte sehr geschmälert: Erstens sind die Werte zwischen verschiedenen Unternehmen austauschbar, weil es sich dabei in aller Regel um allgemein wünschens*werte* (= wünschens-werte) Werte handelt. (Wer würde z. B. angeben, *nicht* vertrauensvoll zusammenzuarbeiten, *nicht* konstruktive Kritik zu pflegen, *nicht* dialogbereit zu sein etc.?) Wenn es sich bei den verkündeten Werten also um

Werte handelt, die jeder vernünftige Mensch unterschreiben würde, können sie auch nicht zwischen verschiedenen Unternehmen differieren. Es handelt sich dann lediglich um sozial akzeptierte Stereotype, deren Informationsgehalt gegen null geht.

Zweitens haben auch hier (ähnlich wie bei den weiter hinten diskutierten Erziehungsstilen) die verkündeten Werte oft nur sehr wenig mit den von den Mitarbeitern erlebten Werten im täglichen Verhalten zu tun.

Beispiele für Leitsätze zur Führung und Zusammenarbeit in Unternehmen

- Respekt
- Menschenwürde
- Wertschätzung
- Vertrauen
- Leistungskultur
- Eigenverantwortung
- Konflikte offen aussprechen
- Feedbackkultur
- Fordern von Querdenkern
- Vorbildfunktion (insbesondere bei Führungskräften)
- Offenheit
- Hierarchieübergreifender Dialog
- Konstruktive Kritik

Diese Wertebegriffe sind in der Regel so gewählt, dass praktisch jeder Mensch sie als erstrebenswert anerkennt.

Warum gibt es diese Diskrepanz?

Die Diskrepanz zwischen Sprechen und Tun kann (mindestens) vier Gründe haben: Zum Ersten wird sie manchmal bewusst eingesetzt, um andere Menschen zu täuschen. Man kann seine wahren eigenen Interessen besser durchsetzen, wenn man die anderen darüber im Unklaren lässt (genau darin besteht ja die Definition der Manipulation).

Zweitens kann die Diskrepanz zwischen Sprechen und Tun ein Effekt der „sozialen Erwünschtheit" sein. Wenn man über Werte spricht, äußert man immer auch Verhaltensabsichten. Der Zusammenhang zwischen Verhaltensabsicht und Verhalten ist jedoch nicht eindeutig. Auf dem Weg von der Verhaltensabsicht zum tatsächlichen Verhalten finden einige Verzerrungen statt, die letztendlich dazu führen können, dass das Verhalten nur noch wenig oder gar nichts mehr mit der geäußerten Verhaltensabsicht zu tun hat. Dieser Prozess wird sehr gut im Modell von Ajzen und Fishbein (1977) beschrieben. Man prüft die tatsächliche Verhaltensabsicht, bevor sie öffentlich geäußert wird, daraufhin, ob sie auch im jeweiligen Umfeld sozial akzeptiert oder erwünscht ist. Die Ausführung des beabsichtigten Verhaltens wird zusätzlich dadurch modifiziert, dass man häufig einfach das tut, was man immer schon getan hat. Wenn dies nicht so wäre, wäre es z. B. für einen Raucher unendlich leichter, mit dem Rauchen aufzuhören. Dann würden auch deutlich mehr Neujahrsvorsätze realisiert. Und schließlich verändert sich die Verhaltensabsicht zusätzlich durch die Gegebenheiten der jeweiligen Situation.

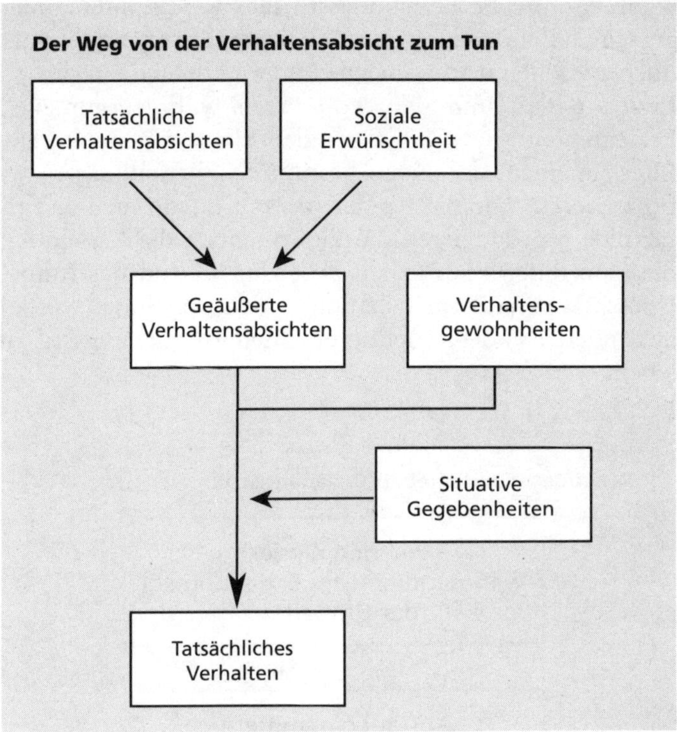

Der Schluss von der geäußerten Verhaltensabsicht auf das reale Verhalten ist aufgrund der oben beschriebenen Mechanismen ein „Kurzschluss".

Eine dritte Ursache für die Diskrepanz zwischen Sprechen und Tun mag in einer eher „unbewussten" Tendenz liegen (un*be*wusst bedeutet dabei un*ge*wusst und hat nichts mit dem psychoanalytischen Begriff des Unbewussten zu tun).

Aus Untersuchungen zum Erziehungsstil ist bekannt, dass der von den Eltern beabsichtigte, der *von ihnen* auch praktiziert erlebte und der von *ihren eigenen Kindern* wahrgenommene Erziehungsstil sehr wenig miteinander gemein haben. Ein großer Zusammenhang besteht jedoch zwischen dem von den Kindern erlebten elterlichen Erziehungsstil und dem von ihnen wahrgenommenen Erziehungsstil der Großeltern den Eltern gegenüber. Die Eltern meinen also einen bestimmten Erziehungsstil zu praktizieren, nur die Kinder merken davon nichts. Tatsächlich reproduzieren die Eltern jedoch die Erziehung, die man ihnen angedeihen ließ. Und sie tun das (unbewusst), während sie behaupten, den von ihnen verbal bekundeten und für richtig erachteten Erziehungsstil zu leben.

Bekundeter und erlebter Erziehungsstil

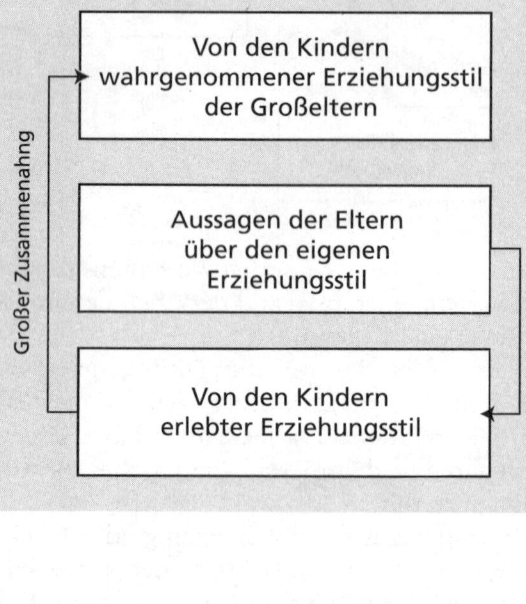

Ein vierter Grund für die mangelnde Deckungsgleichheit verbaler Äußerungen mit tatsächlichem Verhalten ist oft in dem Selbstdarstellungsanteil der Kommunikation (vgl. Kapitel 2) begründet. Jede Kommunikation kann als Information über einen Sachverhalt und als Selbstdarstellung des Senders aufgefasst werden. Wie stark die jeweiligen Anteile sind, kann man nicht mit Sicherheit sagen. Bei Wertediskussionen steht oft eher der Selbstdarstellungsaspekt im Vordergrund.

Auch wenn Wertediskussionen nicht besonders geeignet sind, um danach auf das reale Tun zu schließen, bedeutet das nicht, dass individuelle Werte nicht handlungsleitend seien. Genau das Gegenteil ist der Fall: Man trifft konkrete Verhaltensentscheidungen immer vor dem Hintergrund der eigenen Wertvorstellungen. Problematisch wird es erst, wenn diese kommuniziert werden. Im sozialen Kontext führt die Diskussion der Wertvorstellungen nämlich sehr schnell zu einer Debatte um sozial erwünschte Stereotype.

Die Relativität verbal bekundeter Werte wird immer dann besonders augenfällig, wenn man die geäußerte Verhaltensabsicht mit objektiven Daten vergleichen kann.

In einer Untersuchung von Furst (1983) z. B. wurden in mehreren Ländern repräsentative Teile der Bevölkerung anonym (!) über ihren Alkoholkonsum befragt. Die angegebenen Mengen erklärten jedoch nur ca. 40 Prozent des objektiv in den jeweiligen Regionen verkauften Alkohols. Ein weiteres Beispiel: Pallak, Cook und Sullivan (1980) unterrichteten Hausbesitzer über Energiesparmöglichkeiten. Die Eigentümer gaben an, diese auch umsetzen zu wollen. Nach einem Jahr unterschieden sich die Energieverbrauchsmengen vom vorherigen objektiven Energieverbrauch.

Imponiertechniken zur Demonstration der eigenen Macht

Auch Imponiertechniken können gezielt zur Manipulation eingesetzt werden. Sie wirken im Gegensatz zu den anderen Manipulationsmethoden weniger durch verbale Äußerungen, sondern eher durch Handlungen, die jedoch ebenfalls einen sehr starken Botschaftscharakter besitzen.

Nichtverbale Imponiertechniken

- Den anderen vor dem Büro warten lassen (auch wenn es in der Zwischenzeit nichts zu tun gibt)
- Sich in Besprechungen unterbrechen lassen (ein realer oder fingierter Telefonanruf reicht)
- 1. Steigerung: sich nach vorheriger Ansage, nicht gestört werden zu wollen (mit dem Hinweis auf die besondere Wichtigkeit des Anrufs), dann doch stören lassen
- 2. Steigerung: den Gesprächspartner während des Anrufs aus dem Raum bitten (wegen der besonderen Vertraulichkeit des Telefonats)
- Zu spät kommen, dem anderen demonstrieren, dass er zu warten hat, dass die eigene Zeit wertvoller ist als die des Gesprächspartners
- Prinzipiell in Besprechungsunterlagen (auch völlig irrelevante) Stellen markieren, Lesezeichen anbringen, an die Seite (irrelevante und unleserliche) Kommentare schreiben, um den Eindruck zu erzeugen, man hätte sich mit den Unterlagen beschäftigt

Verhindern von Veränderungen

Die bisher genannten Strategien lassen sich sehr gut bei eher kurzen Verhaltenssequenzen einsetzen. Es gibt jedoch auch Manipulationstechniken, um längerfristige Entwicklungen und Veränderungen zu verhindern oder zu torpedieren.

Strategien zur Verhinderung von Veränderungen

- Exzessive Befragung aller Beteiligten und Nutzung aller Informationsquellen
- Auf Zeit bauen, intensiv analysieren (insbesondere die Vergangenheit)
- Delegation der Veränderung an spezielle Stellen (Projekte, Modellversuche ...)
- Beginn „von unten nach oben"
- Genaues Controlling des Veränderungserfolgs
- Berücksichtigung der Komplexität mit ihren vielen Wechselwirkungen
- Diejenigen, die Veränderungen anstreben, mit irrelevanten Dingen beschäftigen
- Transparenz vermeiden
- Behebung von Symptomen, nicht von eigentlichen Problemen
- Beharren auf bestehenden Spielregeln
- Verhindern neuer Spielregeln

Ein weiteres Ordnungsschema

Cialdini (2001) ordnet die Möglichkeiten der Manipulation in sechs Gruppen ein, die im Folgenden dargestellt sind.

Reziprozität

Der Begriff „Reziprozität" bedeutet Gegenseitigkeit. Durch ein Geschenk fühlen sich die meisten Menschen verpflichtet, in der einen oder anderen Weise etwas zurückzugeben. Dieses Verhaltensmuster findet man in allen Gesellschaften. Es beruht wahrscheinlich darauf, dass es einen evolutionären Vorteil bot und diejenigen Gesellschaften erfolgreicher waren, die diese Verhaltensmuster ausbildeten.

Beispiel

Durch ein Geschenk fühlen sich viele Menschen zu einer Gegenleistung gedrängt. Schickt man z. B. Spendenbittbriefe einfach so an die Adressaten, so ist der Rücklauf an Spenden eher gering. Legt man jedoch ein (auch noch so) kleines Geschenk bei, so hat man eine fast doppelt so große Chance, Spenden zu erhalten. Viele Verkäufer nutzen diesen Effekt mit „unverbindlichen" Probepackungen, „unverbindlichen" Beratungen etc. Der Appell an das Reziprozitätsprinzip funktioniert auch dann, wenn das „Geschenk" nur in einer verminderten Forderung an den anderen besteht, indem man von der ursprünglich höheren Forderung abrückt und daraufhin nur noch eine geringere Forderung an den anderen stellt. Das „Entgegenkommen" fordert die Reziprozität heraus.

Abwehr

Auf das Angebot an Reziprozität nicht zu reagieren ist sehr schwer, da dieses Prinzip sehr tief in uns verwurzelt ist. Man kann sich jedoch Folgendes klar machen: Die Regel der Reziprozität fordert, dass man Gefälligkeiten mit Gefälligkeiten honoriert, sie verlangt jedoch nicht, dass Tricks mit Gefälligkeiten belohnt werden. Genau hier liegt der Unterschied. Wenn man sich vor Augen führt, dass derjenige, der einen manipulieren will, die Reziprozitätsregel zu seinen Gunsten benutzt und nicht im Sinne der Optimierung der gegenseitigen Beziehungen, verliert die Regel ihre Gültigkeit.

Konsistenz

Die meisten Menschen tendieren dazu, in ihren Worten, Taten und Überzeugungen konsistent zu sein. Konsistenz ist eine sozial hochgradig akzeptierte Eigenschaft – und wer will deshalb schon gern als inkonsistent gelten? Zudem bietet konsistentes Verhalten Entscheidungssicherheit, ohne stets die Komplexität der Gesamtsituation berücksichtigen zu müssen. Das nutzen Manipulierer gern aus, indem sie jemanden, den sie manipulieren wollen, zunächst einmal dazu bringen, ein prinzipielles Statement zu dem jeweiligen Thema abzugeben. Später nehmen sie dann darauf Bezug (während sie implizit auf das Konsistenzprinzip verweisen) und fordern eine bestimmte Handlung ein, die mit diesem Statement in Einklang steht. Besonders wirksam sind hier solche Statements, die öffentlich und ohne erkennbaren Zwang abgegeben werden.

Beispiel

In einer Untersuchung von Freedman und Fraser (1966) wurde versucht, Hausbesitzer dazu zu bringen, dass sie eine Liste mit einer Forderung unterschrieben, die sehr trivial war („Kalifornien soll schöner werden“). Später wurden die Hausbesitzer um Erlaubnis gebeten, in ihrem Garten ein Schild aufzustellen („Augen auf im Straßenverkehr!“). Von denjenigen, die zuvor mit der lapidaren Forderung konfrontiert worden waren, erlaubten dies auffallend mehr Personen als von denjenigen, die direkt nach der Erlaubnis zum Aufstellen des Schildes gefragt wurden. Unter Vertretern ist dies als „Fuß-in-der-Tür-Technik“ bekannt.

Abwehr

Wenn Sie ein ungutes Gefühl verspüren, werten Sie es ruhig als Signal, dass Sie im Moment wohl überredet werden. Erklären Sie dann Ihrem Gegenüber, dass eine Zustimmung zum geforderten Verhalten dazu führen würde, dass man etwas gegen die eigene Verhaltensabsicht unternähme.

Soziale Gültigkeit

Menschen verhalten sich gern wie andere. Wir orientieren uns in unseren Entscheidungen zu einem großen Teil an dem, was andere in unserer Situation tun würden. Dies ist umso mehr der Fall, je näher uns die anderen Personen stehen.

Beispiel

Die Spendenbereitschaft steigt, wenn man dem potenziellen Spender eine Namensliste mit Spendern aus der

Nachbarschaft vorlegt – und sie steigt umso mehr, je länger die Namensliste ist. Je uneindeutiger eine Situation ist, desto stärker wird die soziale Gültigkeit als Entscheidungsprinzip. Dieses Prinzip wird z. B. auch bei den Einspielungen von Lachsalven in Filmen angewandt.

Abwehr

Häufig ist es nützlich und richtig, sich an dem zu orientieren, was andere in vergleichbaren Situationen tun würden. Es erspart uns auch ein allzu intensives Abwägen des Für und Wider. Probleme mit dieser Strategie gibt es dann, wenn nur der *Eindruck* erzeugt werden soll, dass andere auch so handeln, obwohl sie es in Wirklichkeit nicht tun.

Zuneigung

Wir tun Menschen eher einen Gefallen, die uns zugeneigt sind. Das gilt umso mehr, je sympathischer uns selbst diese Menschen sind. Vertriebsleute erkannten das vor langer Zeit und setzen dieses Prinzip im Strukturvertrieb um. Bei Tupperpartys und ähnlichen Veranstaltungen macht man sich den privaten Bekanntenkreis systematisch für den Verkauf von Produkten zunutze. Ein guter Verkäufer versucht auch immer, dem Kunden gegenüber Gemeinsamkeiten zwischen sich und diesem herzustellen. Das fördert die Kaufbereitschaft, denn wir mögen Menschen, die uns ähnlich sind!

Abwehr

Man kann sich der Wirkung gezielt eingesetzter Methoden zum Aufbau von Sympathie schlecht entziehen, man sollte sich aber ihrer Wirkung bewusst sein. Fragen Sie sich daher in entsprechenden Situationen, ob die entstandene Sympathie größer ist, als sie unter den gegebenen Umständen sein sollte. Diese Strategie hat den Vorteil, dass sie umso besser funktioniert, je erfolgreicher wir manipuliert wurden, denn dann ist die Differenz zwischen „eigentlicher" Sympathie und „gerechtfertigter" Sympathie am größten. Wenn man sich denkt: „Unter den gegebenen Bedingungen ist mir das Gegenüber erstaunlich sympathisch", sollte man vorsichtig werden.

Autoritätsgläubigkeit

Beispiel

Wenn jemand mit Anzug und Krawatte bei Rot über die Ampel geht, folgen ihm dreieinhalbmal so viele Passanten, als wenn jemand dies tut, der weniger wie eine Autorität aussieht. Einer Autorität zu vertrauen ist prinzipiell gut, wenn sie *tatsächlich* eine Autorität ist. Oft geht jedoch Autorität mit gewissen Symbolen (Titel, Kleidung, Auto, Referenzen etc.) einher. Menschen, die uns manipulieren wollen, nutzen daher häufig gerade diese Symbole aus. Literarisch wurde das im „Hauptmann von Köpenick" beispielhaft verarbeitet.

Abwehr

Stellen Sie sich zwei Fragen. Die erste lautet: „Ist der Experte wirklich ein Experte?" Durch diese Frage wird die Aufmerksamkeit von den Symbolen der Autorität zu den Nachweisen der „echten" Autorität verlagert. Die zweite Frage ist: „Wie ehrlich wird der Experte wohl sein?" Dadurch erweitert man den Blick weg von der reinen Kompetenz einer Person hin zu ihren vermutlichen Interessen.

Wert entsteht durch Knappheit

Beispiel

„Solange der Vorrat reicht" – „Nur noch diesen Monat" – „Nur noch ... Exemplare verfügbar" – jeder von uns kennt wahrscheinlich solche Ankündigungen. Dieser Art der Verkaufsförderung liegt folgender Mechanismus zugrunde: Menschen messen seltenen Gelegenheiten einen höheren Wert bei. Wenn also manipuliert werden soll, wird daher oft die Menge oder die Verfügbarkeit eines Angebots begrenzt – es wird eine künstliche Knappheit erzeugt und man hofft, dass dadurch der wahrgenommene Wert des Produkts steigt. Der Zusammenhang zwischen Ursache und Wirkung wird also verdreht.

Abwehr

Die Konkurrenz um knappe Güter führt immer auch zu körperlich spürbarer Erregung. Sobald man sie wahrnimmt, kann man das als Alarmsignal deuten und sollte umso genauer überlegen, ob hier nicht etwa Manipulation am Werke ist.

Verdrehte Logik

Ein weiteres Schema, nach dem man Manipulationstechniken ordnen kann, ist das Benutzen bzw. Verdrehen logischer Figuren. Damit wird eine „Scheinlogik" erzeugt, die zwar zum Teil den Gesetzen der Logik folgt, aber im entscheidenden Teil der Argumentation dann von ebendieser Logik abweicht. Mit solchen logischen Fehlgeformtheiten beschäftigt sich dieser Abschnitt. Die Scheinlogik kann absichtlich aufgebaut worden sein oder unabsichtlich durch weit verbreitete Denkfehler und somit ohne böse Absicht des Argumentierenden entstanden sein. In beiden Fällen muss sie jedoch korrigiert werden.

Das Folgende mag anfangs etwas abstrakt erscheinen. Sollte dies der Fall sein, so überspringen Sie diesen Teil einfach zunächst und kommen Sie eventuell später darauf zurück. Wenn er Sie jedoch anspricht, stellt er ein gutes Hilfsmittel dar, um Manipulationsmechanismen erkennen und kontern zu können.

Einschränken des Alternativenraums

Bei dieser Form der verdrehten Logik wird ein Entscheidungsspielraum unzulässigerweise auf zwei sich ausschließende Alternativen begrenzt. Die (Un-)Logik dabei lautet:

> Wir können A oder B wählen. Wenn wir A nicht wählen, wählen wir automatisch B.

Diese Scheinlogik existiert nur, solange man sich in dem eingeschränkten Raum der vorgegebenen zwei Alternativen bewegt. Wenn man ihn für andere Möglichkeiten öffnet, verliert sie ihre Gültigkeit.

Beispiel

Wir können dieses Jahr nach Amerika in Urlaub oder nie mehr dorthin.

Abwehr

- Ansprechen der Unlogik
- Aufzeigen weiterer Alternativen

Analogie

Bei der Verwendung von Analogien werden Zusammenhänge, die in bestimmten Situationen existieren, auf einen anderen Kontext übertragen und dort ebenfalls für gültig erklärt.

In der Situation X war es richtig, A zu tun, daher ist es auch in der Situation Y richtig, A zu tun.

Beispiel

In Holland gibt es viel mehr Teilzeitarbeitsplätze als in Deutschland. Die Arbeitslosenquote ist dort auch generell niedriger. Eine Ausweitung der Teilzeitarbeitsplätze würde in Deutschland ebenfalls zu einem Rückgang der Arbeitslosenquote führen. – Es kann zwar durchaus sein, dass diese Zusammenhänge auch im anderen Kontext existieren, es ist aber genauso gut möglich, dass aufgrund der anderen Rahmenbedingungen in Deutschland ganz andere Zusammenhänge gelten. Ein weiteres Beispiel ist der Schweinefleischverzehr in moslemischen Ländern. Er hinkt deutlich hinter dem Verbrauch in den westlichen Ländern her. Dies ist zwar Fakt, man kann aber daraus nicht schließen, dass es nur einer Marketingoffensive bedarf, um das zu ändern, die Analogie funktioniert nicht.

Abwehr

Stellen Sie die Unterschiede der jeweiligen Situationen heraus („Jeder Vergleich hinkt"): Die Uhr ist eine Analogie für Zeit, sie ist oft hilfreich, aber sie ist nicht die Zeit selbst.

Argumentation mit Dunkelziffern

Eine weitere interessante Verzerrung der Logik stellt die Argumentation mit Dunkelziffern dar. Eine Dunkelziffer zeichnet sich ja gerade dadurch aus, dass man ihre exakte Höhe nicht kennt. Wenn man trotzdem damit argumentiert, führt dies automatisch zu willkürlichen Aussagen. Gibt es dagegen Ansatzpunkte, um die Höhe der Dunkelziffer abzuschätzen, ist sie bereits keine Dunkelziffer mehr. Wenn man keine Anhaltspunkte für die Höhe einer Dunkelziffer hat, kann man nur noch eines tun: willkürlich schätzen. Ganz „willkürlich" ist dieses Schätzen allerdings meist nicht. Wenn man mit Dunkelziffern argumentiert, hat man in der Regel ein Interesse, die Diskussion in eine bestimmte Richtung zu lenken, und wird daher ihre Höhe so festlegen, dass sie in die jeweilige Argumentation passt. (Zur Problematik der Verwendung von Dunkelziffern siehe Hofmann (2002).)

Beispiel

Der DGB „rechnet“ zum Thema Mobbing in seinen „Informationen zur Angestelltenpolitik“ (3/1997) mit Dunkelziffern.

Abwehr

Man kann entweder auf die Problematik der Verwendung von Dunkelziffern verweisen oder einfach eine andere Abschätzung in den Raum stellen, die dann genauso richtig oder falsch ist wie die vorher genannte Zahl. Dadurch wird sehr schnell von selbst deutlich, wie heikel es ist, mit Dunkelziffern zu argumentieren.

Korrelation und Kausalität

Wenn zwei Sachverhalte gleichzeitig auftreten, wird oft daraus geschlossen, dass ein Sachverhalt die Ursache für das Auftreten des anderen sei. Die (Un-)Logik heißt dabei:

A tritt zusammen mit B auf, also ist A die Ursache von B.

Diese Folgerung kann zwar richtig sein, muss es aber nicht unbedingt. B könnte auch von etwas anderem verursacht worden sein, das zufällig gemeinsam mit A auftritt. Der Philosoph David Hume schreibt dazu:

Angenommen ein Mensch von ausgezeichneten Fähigkeiten der Vernunft und der Überlegung würde plötzlich in eine fremde Welt gestellt, so würde er freilich sofort eine stetige Folge von Gegenständen und Ereignissen beobachten, aber etwas Weiteres zu beobachten wäre er nicht imstande. Er würde anfangs nicht imstande sein, die Vorstellung von Ursache und Wirkung zu erfassen, weil die besonderen Kräfte, durch welche alle Naturvorgänge sich vollziehen, niemals den Sinnen erscheinen. Ebenso wenig ist ein vernünftiger Schluss, bloß weil ein Ereignis dem anderen vorhergeht, deshalb sei das eine die Ursache, das andere die Wirkung. Ihr Zusammenhang kann ja willkürlich und zufällig und kein Grund vorhanden sein, das Dasein des einen aus dem Vorhandensein des anderen abzuleiten.

Beispiel

Jede Regierung schreibt sich eine positive Veränderung der Wirtschaftsdaten nach einem Regierungswechsel zu. Das Auftreten dieser Veränderungen wird als eine unmittelbare und zwingende Folge der eigenen Politik dargestellt (die Wirksamkeit von anderen Faktoren – z. B. weltwirtschaftlichen Gesamtbedingungen – wird dabei außer Acht gelassen). Eine Verschlechterung der Daten geht dann natürlich auf von der Regierung nicht beeinflussbare Entwicklungen zurück.

Abwehr

Sprechen Sie die Unlogik an. Sie können z. B. ruhig auch darauf verweisen, dass der Rückgang der Geburtenrate in Deutschland sehr stark mit dem Aussterben der Klapperstörche in Deutschland zusammenhängt.

Negation der Implikation

Ein weit verbreiteter logischer Fehler ist die „negierte Implikation“. Sie funktioniert folgendermaßen: Im ersten

Schritt wird eine tatsächliche Implikation aufgezeigt. Ein Element davon wird dann negiert. Daraus wird dann auch die Aufhebung des anderen Teils der Implikation begründet. Dies ist zwar formallogisch vereinbar, aber nicht zwingend. Die (Un-)Logik lautet:

A impliziert B, Nicht-A impliziert Nicht-B.

Beispiel

Eine Partei ist an der Regierung. Es herrscht hohe Arbeitslosigkeit. Eine andere Regierung will gewählt werden. Sie verspricht, dass die Arbeitslosigkeit verschwinden werde, wenn sie erst an der Macht ist. Das kann zwar tatsächlich so eintreten, muss aber nicht. Es ist genauso möglich, dass die hohe Arbeitslosigkeit unter der neuen Regierung bestehen bleibt.

Abwehr

Sprechen Sie die Unlogik an und zeigen Sie auf, dass die Implikation zwar so stimmen *kann*, aber nicht zwangsläufig stimmen *muss*.

Verkürzung von Vierfeldertafeln

Häufig lässt sich eine Argumentation in Form einer Vierfeldertafel beschreiben. Daraus werden dann zwei Felder herausgegriffen und man fokussiert die Diskussion darauf. Die Existenz der beiden anderen Felder wird zugleich ausgeblendet und dadurch wird die Realität verkürzt dargestellt.

Beispiel

Betrachten wir die Diskussion über das Verhältnis von Ökonomie und Ökologie. Beide können prinzipiell sowohl stark als auch schwach ausgeprägt sein. In der Kombination gibt es daher prinzipiell vier Möglichkeiten. Die Diskussion wird jedoch oft auf zwei (Schein-) Alternativen beschränkt, z. B. darauf, ob man nun eine funktionierende Ökonomie mit einer nicht funktionierenden Ökologie (Feld 2) wolle oder eine funktionierende Ökologie mit einer nicht funktionierenden Ökonomie (Feld 3). Die Existenz der beiden anderen Möglichkeiten wird in der Diskussion oft negiert.

		Ökonomie	
		funktioniert	funktioniert nicht
Ökologie	funktioniert	1	2
	funktioniert nicht	3	4

Abwehr

Weisen Sie auf die Unlogik und die beiden anderen Felder hin.

Die in diesem Abschnitt beschriebenen logischen Verdrehungen treten schon dann sehr häufig auf, wenn man sich mit einfachen, objektiv nachprüfbaren Sachverhalten beschäftigt. Sie werden jedoch noch wesentlich relevanter, wenn man es mit Schlussfolgerungen zu tun hat, die Personen bzw. Personenwahrnehmungen betreffen. Daher sind sie auch besonders im zwischenmenschlichen Bereich wirksam.

Die folgenden Kapitel gehen teilweise noch intensiv auf die einzelnen Manipulationsmechanismen ein. Wichtig ist zunächst, dass man erkennt, wann Manipulation im Spiel ist. Diesem Zweck diente das erste Kapitel dieses Buches. Wie man mit erkannten Manipulationsversuchen umgehen kann, ist Gegenstand der folgenden Kapitel.

Kapitel 2:

Kommunikation und Manipulation

Manipulation kann nur durch Kommunikation erfolgen – um jemanden zu manipulieren, muss man immer mit ihm kommunizieren. Daher ist es hilfreich, sich einige kommunikative Zusammenhänge zu vergegenwärtigen.

Das Grundmodell der Kommunikation

Das allgemeine Kommunikationsmodell von Schulz von Thun (1981) eignet sich sehr gut, um kommunikative Vorgänge im Zusammenhang mit dem Thema Manipulation zu beschreiben. Schulz von Thun betonte, dass bei der Kommunikation keineswegs lediglich Sachinformationen übermittelt werden, obwohl dies oft angenommen wird. Vielmehr werden darüber hinaus bei grundsätzlich jeder Art der Kommunikation zusätzlich (implizite) Aussagen darüber gemacht, wie man sich die Beziehung der Gesprächspartner und deren Stellung zueinander vorstellt. Man offenbart auch immer etwas von sich selbst und man appelliert an den Gesprächspartner. Wie stark die jeweiligen Komponenten der Kommunikation dabei gewichtet sind, ist von Situation zu Situation sehr unterschiedlich. Bei einem Streitgespräch wird wahrscheinlich eher der Beziehungsaspekt im Vordergrund stehen, bei einem Verkaufsgespräch dagegen eher der Appellaspekt, bei einem Vortrag der Sachaspekt, bei einer Wahlveranstaltung der Selbstoffenbarungsaspekt. Grundsätzlich gilt jedoch, dass bei jeder Kommunikation alle vier gerade genannten Aspekte zumindest implizit enthalten sind.

Wenn z. B. der Vortragende während einer Besprechung die Anwesenden fragt: „Konnten Sie meinen Ausführungen bis hierher folgen?“, so ist dies auf der Sachebene zunächst als eine neutrale Frage zu verstehen, die auf der Beziehungsebene dagegen bedeuten kann: „Ich bin euch sowieso überlegen.“ Oder: „Ihr seid in der Rolle der Unwissenden, die man belehren muss.“ Auf der Appellebene mag die Aussage ausdrücken: „Stellt bloß keine dummen Zwischenfragen, ihr outet euch damit sonst nur als unwissend!“ Oder: „Jetzt zeigt mir einmal,

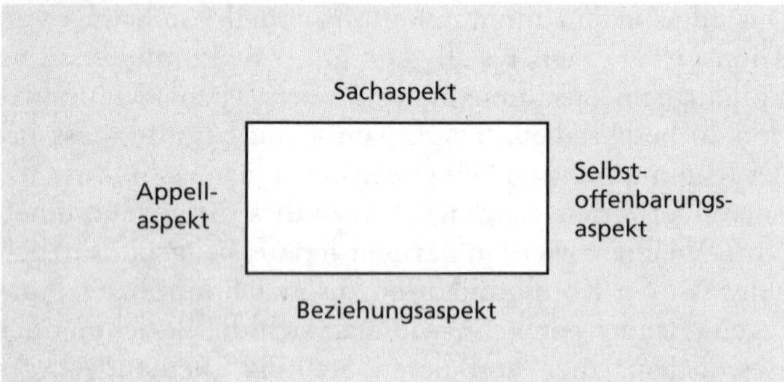

ob ihr mir fachlich Paroli bieten könnt!“ Auf der Selbstoffenbarungsebene kann sie z. B. bedeuten: „Ich bin Experte auf diesem Gebiet.“ Oder: „Ich will lästige Frager zum Schweigen bringen.“ Wie Sie sehen, ist die Bedeutung einer Aussage auf der Beziehungs-, Appell- und Selbstoffenbarungsebene in aller Regel nicht eindeutig – meist sind mehrere Interpretationen möglich. Das kommunikative Problem ist also ein doppeltes: Zunächst muss der Hörer entscheiden, welchem Aspekt einer Aussage er welche Bedeutung beimisst. Wenn er dann weiß, welcher der vier Aspekte ihm der bedeutsamste zu sein scheint, muss er noch aus der Fülle der möglichen Inhalte, die innerhalb dieses Aspekts existieren, den ihm passend erscheinenden heraussuchen.

Die vier Seiten einer jeden Aussage sollen anhand von zwei weiteren Beispielen verdeutlicht werden.

1. Beispiel

Die Aussage „Wie lange machen Sie den Job schon?“ kann auf der Seite des Sachaspekts die neutrale Frage danach beinhalten, wie lange der Befragte dieser Tätigkeit bereits nachgeht. Auf den anderen Ebenen der Kommunikation können z. B. folgende Aussagen dahinterstecken:

Beziehung:	„Ich kenne mich besser aus als Sie.“
Appell:	„Finden Sie endlich eine vernünftige Lösung!“
Selbstoffenbarung:	„Ich habe kein Vertrauen zu Ihnen.“

Die genaue Aussage könnte jedoch auch eine ganz andere sein. Derjenige, an den die Frage gerichtet wurde, bildet sich seine Annahmen dazu, welche Bedeutungen sich jeweils dahinter verbergen mögen.

2. Beispiel

Die Aussage „Sie kamen heute erst um 9.00 Uhr" kann z. B. zusätzlich zum Sachaspekt folgende Aspekte enthalten:

Beziehung:	„Ich darf Ihnen Anweisungen erteilen, die Sie befolgen müssen."
Appell:	„Bitte seien Sie morgen pünktlicher!"
Selbstoffenbarung:	„Ich ärgere mich über Ihre Unpünktlichkeit."

Auch hier ergeben sich die Bedeutungen wiederum nicht zwingend aus dem Gesagten. Sie müssen vielmehr auch vom Hörer „erraten" werden. Es gilt:

Der Sprechende bestimmt nicht, was der Hörer heraushört.

Da sich die einzelnen Aspekte einer Aussage nicht zwangsläufig ergeben, sind nachfolgend einige Aussagen bzw. Fragen aufgeführt, die dabei helfen sollen, die einzelnen Aspekte zu identifizieren.

1. Sachaspekt

Die Sachebene vermittelt die reine, emotionslose, nicht interpretierende und nicht wertende Botschaft. Nachrichtensprecher bemühen sich besonders um diese Art der Kommunikation.

Aus der Sicht des Senders:

- Es geht um die Sache selbst.
- Darüber informiere ich den Gesprächspartner.

Aus der Sicht des Empfängers:

- Darüber will mich der Sender informieren.
- Wie ist die Sache zu verstehen?

2. Beziehungsaspekt

Aus der Sicht des Senders:

- So stelle ich mir unsere Beziehung vor.
- Wie sehe ich den anderen und unsere Beziehung zueinander?

Aus der Sicht des Empfängers:

- Wie sieht mich der andere?
- Wie redet der andere mit mir?

3. Selbstoffenbarungsaspekt

Aus der Sicht des Senders:

- Das teile ich dem Gesprächspartner von mir mit.
- Was will ich von mir mitteilen?

Aus der Sicht des Empfängers:

- Was ist mit dem anderen los?
- In welchem Zustand befindet der andere sich?
- Wie stellt sich der andere als Person dar?

4. Appellaspekt

Aus der Sicht des Senders:

- Das will ich vom Gesprächspartner.
- Dazu will ich den anderen veranlassen.

Aus der Sicht des Empfängers:

- Was soll ich aus Sicht des anderen denken, fühlen oder tun?
- Was will der andere von mir?

Die Tatsache, dass man nicht mit Bestimmtheit sagen kann, welche versteckten Botschaften noch hinter dem Gesagten stecken, diese „Grauzone" in der Kommunikation wird sehr oft als Manipulationsinstrument genutzt. Der Manipulierende hofft dabei, dass der Manipulierte die entsprechende manipulative Aussage aus dem Gesagten heraushört. Für den Manipulierenden hat dies den Vorteil, dass er sich hinterher immer damit herausreden kann, dass er es *so* natürlich nicht gemeint habe und der Manipulierte mit seiner Interpretation völlig falsch liege.

Erweiterungen des Modells

Um die kommunikativen Prozesse, die bei der Manipulation eine Rolle spielen, besser zu verstehen, ist es sinnvoll, das soeben vorgestellte Grundmodell von Schulz von Thun in zwei Punkten zu erweitern, und zwar auf der Beziehungsseite und auf der Seite der Selbstoffenbarung.

Erweiterung auf der Beziehungsseite

In der Kommunikation wird immer ein Teil der Information dazu verwendet, die gegenseitigen impliziten Vor-

Erste Erweiterung des Grundmodells

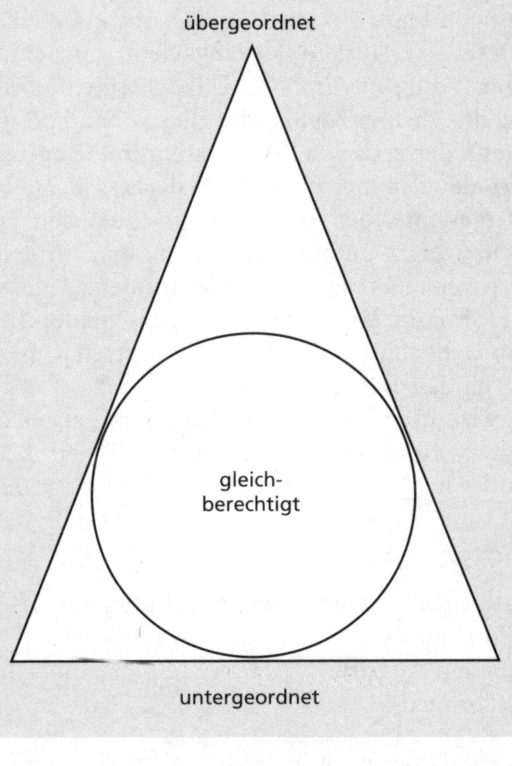

stellungen bezüglich der Beziehung der beiden Gesprächspartner zueinander darzustellen. Diese kann prinzipiell drei Formen annehmen: Beide Gesprächspartner können gleichberechtigt sein, der eine kann dem anderen übergeordnet oder untergeordnet sein.

Diese drei Beziehungsarten können strukturell vorgegeben sein, z. B. in Form hierarchischer Unterstellungen im Falle einer Konstellation Vorgesetzter-Mitarbeiter. Möglicherweise werden sie aber auch durch die Art der Kommunikation der beiden Interaktionspartner definiert, vor allem dann, wenn sich die Gesprächspartner nicht oder nur wenig kennen. Diese Definition der Beziehungen kann ein strukturell bestehendes hierarchisches Gefälle verstärken, abschwächen, ganz eliminieren oder gar völlig verdrehen. Das geschieht, wenn die Stellung der Partner zueinander eher anhand der paraverbalen denn der verbalen Kommunikation festgelegt wird. Paraverbale Kommunikation bedeutet, dass sich ein inhaltlich identischer Text von verschiedenen Personen gesprochen ganz unterschiedlich anhören und dadurch zu ganz verschiedenen Interpretationen Anlass geben kann (Hofmann 2001). Solche Unterschiede, die nur in der gesprochenen Kommunikation auftreten, bezeichnet man als paraverbale Unterschiede.

Wie vermittelt man in der Kommunikation die Vorstellungen, die man von der gegenseitigen Beziehung zueinander hat?

Von oben

- Verallgemeinerungen (immer, ständig, nie ...)
- Du-Aussagen
- Anklagen, Angriffe
- Verletzungen

Auf gleicher Ebene

- Konkretheit
- Ich-Aussagen
- Sachlichkeit
- Respekt
- Kontaktbereitschaft

Von unten

- Umschreibungen (Möglichkeitsform)
- Unpersönliche Äußerungen („man“ etc.)
- Rechtfertigung, Verteidigung
- Verletzlichkeit
- Vermeidung von Blickkontakt (früher am Hofe war es verboten, den König anzusehen)

Dem Beziehungsaspekt kommt noch eine weitere Bedeutung zu: Man gibt dem Gesprächspartner durch das eigene Gesprächsverhalten zu erkennen, wie leicht man sich durch ihn als Gesprächspartner in die untergeordnete Gesprächsposition bringen lässt, wie leicht man zu manipulieren ist.

Man kann am paraverbalen Verhalten des Gesprächspartners aber auch erkennen, wie dieser sich die Beziehung vorstellt. Man hat nun die Möglichkeit, zu entscheiden, ob man dieses Beziehungsangebot annehmen will oder ob man es gezielt „durchkreuzen“ möchte. Man kann es auch einfach als ein Signal dafür nehmen, dass man aufpassen und eventuell mit Manipulationsversuchen oder verbalen Angriffen des Gesprächspartners rechnen muss. Das Ansprechen des Gegenübers „von oben“ ist zudem eine weitere Manipulationsmethode (vgl. Kapitel 1), die eher paraverbal wirksam ist.

Erweiterung auf der Selbstoffenbarungsseite

Der Selbstoffenbarungsaspekt der Kommunikation ist derjenige, der generell die psychologisch höchste Brisanz hat („Wer etwas *von* sich gibt, gibt etwas von *sich*.“). Nicht alles, was jemand über sich selbst sagt, ist auch eine Aussage, die dem Gesprächspartner ehrlich etwas über den anderen mitteilt. Oft stellen Selbstoffenbarungsaussagen eher eine taktische Selbst*darstellung* dar als eine Offenbarung dessen, was der Sender tatsächlich denkt oder fühlt. Eine „verzerrte“ Selbstdarstellung muss natürlich nicht immer ein Produkt bewusster taktischer Gesprächsführung sein. In positiver Richtung verzerrte Selbstbilder sind unter anderem auch ein ganz „normaler“ Prozess der Selbstwertmaximierung. Fragt man z. B. Personen, wie gut sie sich im Vergleich zu anderen als Autofahrer einschätzen, so fallen die Antworten regelmäßig so aus, dass sich ca. 70 Prozent der Befragten für die besseren Autofahrer halten. Das kann natürlich nicht der Realität entsprechen. Hier ist eher die Selbstwertmaximierung wirksam als eine einigermaßen „objektive“ Einschätzung. Zu dem notwendigerweise zu hinterfragenden Selbst*ent*hüllungsaspekt kommt der Selbst*ver*hüllungsaspekt hinzu. Um die Gefahr zu vermeiden, etwas von sich preiszugeben, wird die Selbstoffenbarung in der Kommunikation eher vermieden. An die Stellen, an denen eigentlich Selbstoffenbarungen angebracht wären, treten oft Selbst*verhüllungen*, Selbstdarstellungen oder Fassadentechniken, wie z. B.:

Mögliche Fassadentechniken

- Wenig sagen (wer wenig sagt, gibt wenig von sich preis)
- Mit sehr allgemeinen Aussagen antworten (damit vermeidet man eine eindeutige eigene Positionierung)
- In schwer verständlicher Sprache sprechen (um damit dem anderen als Experte zu imponieren)
- Du-Aussagen

Ich- und Du-Aussagen

Besonders hervorheben möchte ich die Fassadentechnik der Verwendung von Du-Aussagen. Man kann viele Sachverhalte im zwischenmenschlichen Bereich entweder als Ich- oder als Du-Aussage formulieren. Was dabei vielleicht relativ belanglos aussieht, ist jedoch in der kommunikativen Wirkung der zentrale Unterschied. Stellen Sie sich zwei Gesprächspartner vor, die sich über eine problematische Situation, in die sie beide verwickelt sind, unterhalten. In der nachfolgenden Tabelle sind die unterschiedlichen Wirkungen beschrieben – je nachdem, welcher der Gesprächspartner Du- oder Ich-Aussagen im Gespräch verwendet.

Benutzen beide Gesprächspartner häufig Du-Aussagen, so kann dies sehr schnell zu einem Streit eskalieren. Du-Aussagen enthalten fast notwendigerweise Unterstellungen bzw. Interpretationen, die das Verhalten der anderen Person betreffen. Da jedoch nur diese Person selbst genau sagen kann, wie ihr Verhalten zu interpretieren ist und welche Absichten sie damit verfolgt, wird sie sich sehr schnell gegen solche Unterstellungen und Interpretationen wehren. Du-Aussagen sind somit eine vorprogrammierte Sollbruchstelle in der Argumentation.

Eigene Aussage	**Aussagen des Gesprächspartners**	**Wirkung**
Du-Aussagen	Du-Aussagen	Streit
Ich-Aussagen	Ich-Aussagen	Gespräch
Ich-Aussagen	Du-Aussagen	Aufforderung an den Partner: Umschalten

Die zweite Erweiterung des Schulz von Thun'schen Modells muss auf der Selbstmitteilungsseite zusammengefasst lauten:

Differenzierung des Selbstoffenbarungsaspekts einer Nachricht

Selbstmitteilung:	Was ich dir von mir mitteile
Selbstdarstellung:	Wie ich will, dass du mich siehst
Selbstverhüllung:	Darüber sage ich nichts

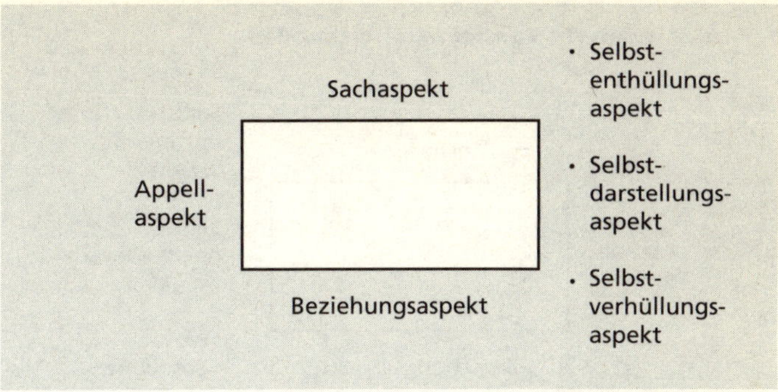

Im Vergleich zu den überwiegend verdeckten, oft auch versteckten und uneindeutigen Aspekten der Kommunikation scheint der Sachaspekt eine schon fast untergeordnete Bedeutung zu besitzen.

Das erweiterte Kommunikationsmodell

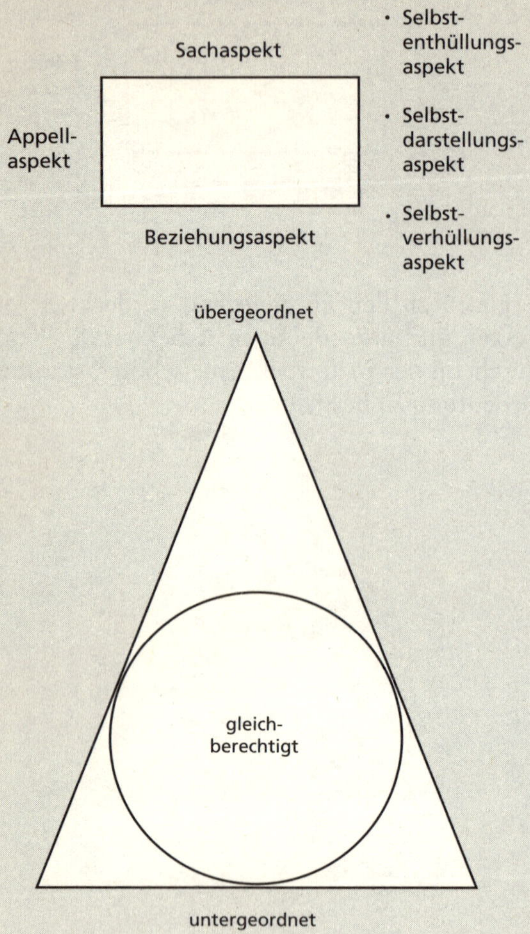

Die Bedeutung des Kommunikationsmodells für die Manipulation

Was immer man als Sender auch sagt, der Empfänger ist prinzipiell frei darin, welchen Aspekten der gesendeten Information er welche Bedeutung zumisst und wie er sie inhaltlich interpretiert. Generell sind bei jeder Kommunikation alle vier Aspekte mehr oder weniger ausgeprägt im Spiel. Der Sender kann dabei nur sehr begrenzt beeinflussen, auf welchen Aspekt der Empfänger den Schwerpunkt legt. Oft ist es beiden Teilen selbst nicht bewusst, auf welchen Aspekt der Information sie gerade bevorzugt hören. Manipulations- und Provokationsversuche setzen genau hier an.

Der Angreifer formuliert z. B. vordergründig einen Sachaspekt und meint tatsächlich den Beziehungs- oder den Appellaspekt. Er hofft darauf, dass der Angegriffene sich „automatisch" auf diese Aspekte der Äußerung konzentriert. Wird er darauf angesprochen, kann er immer erwidern, er habe ja nur eine sachliche Nachricht formuliert. Der Sender hofft, dass der Empfänger sich aus dem Angriff genau das herausholt, was dessen Person betrifft. Der Provozierende weiß, gerade wenn er mit seinem Gegenüber eine bereits lang anhaltende Beziehung pflegt, genau, welche Formulierungen er auf der Sachebene benutzen muss, damit sie mit hoher Wahrscheinlichkeit vom Angegriffenen als eine Botschaft auf der Beziehungsebene interpretiert werden. Hier findet also eine mehrfache Verwirrung statt. Sie ist die kommunikative Grundlage für Manipulationen.

Wenn man nun der Manipulation entgehen will, kann man dies dadurch erreichen, dass man die einzelnen Aspekte der Kommunikation sehr eindeutig herausstellt.

Beim Stellen von Forderungen besteht dies darin, dass man seine Aussagen klar auf der Appellebene hervorbringt. Beim Äußern von Kritik geht es um eine eindeutige Formulierung von Selbstaussagen, bei der Reaktion auf verbale Angriffe und Provokationen um die Trennung von Sach- und Beziehungsaussagen. Da der Empfänger sich prinzipiell heraussuchen kann, auf welcher Ebene er hören will, ist es die Aufgabe des Senders, klarzumachen, auf welcher Ebene er verstanden werden möchte.

Übungen

Es folgen einige Übungen, die dabei helfen, die unterschiedlichen Aspekte der Kommunikation und den Unterschied zwischen Ich- und Du-Aussagen zu verdeutlichen.

1. Übung

Diese Übung dient der Identifizierung von Sach- und Personenaussagen. Häufig gibt man vor, über eine *Sache* zu sprechen, während man aber in Wirklichkeit die Person meint, zu der man etwas sagt. Diese mehr oder weniger versteckte Aussage kann vom Hörer nur vermutet oder erraten werden. Nachfolgend sind einige Sätze aufgelistet, die vordergründig eine Sachaussage enthalten. Suchen Sie zu jedem dieser Sätze die Aussage über die angesprochene Person, die Sie für die wahrscheinlichste halten.

„Halten Sie Ihren Beitrag wirklich für konstruktiv?"
➪ mögliche Aussage zur Person: „Ihr Beitrag war unangemessen!"

„Dauert Ihr Vortrag noch lange?"
➪ mögliche Aussage zur Person: „Sie langweilen mich!"

„Ich werde mir Zeit nehmen, Ihnen das noch einmal zu erklären."
➪ mögliche Aussage zur Person: ____________________

„Das haben Sie wieder einmal gut hingekriegt!"
➪ mögliche Aussage zur Person: ____________________

„Ich habe Sie vorher auch nicht unterbrochen!"
➪ mögliche Aussage zur Person: ____________________

„Das haben Sie geschickt eingefädelt!"
➪ mögliche Aussage zur Person: ____________________

„Was gibt es dort zu sehen?"
➪ mögliche Aussage zur Person: ____________________

„Meinen Sie das wirklich ernst?"
➪ mögliche Aussage zur Person: ____________________

„Wie lange beschäftigen Sie sich schon mit diesem Thema?"
➪ mögliche Aussage zur Person: ____________________

„Ich kann Ihr Verhalten nicht verstehen."
➪ mögliche Aussage zur Person: ____________________

2. *Übung*

Formulieren Sie nun zusätzlich zu den Aussagen aus der ersten Übung die vermuteten Aussagen des Senders über sich selbst und die vermuteten Appelle an den Hörer.

„Halten Sie Ihren Beitrag wirklich für konstruktiv?“
➪ mögliche Aussage des Senders über sich: ________
➪ möglicher Appell an den Hörer: ________________

„Dauert Ihr Vortrag noch lange?“
➪ mögliche Aussage des Senders über sich: ________
➪ möglicher Appell an den Hörer: ________________

„Ich werde mir Zeit nehmen, Ihnen das noch einmal zu erklären.“
➪ mögliche Aussage des Senders über sich: ________
➪ möglicher Appell an den Hörer: ________________

„Das haben Sie wieder einmal gut hingekriegt!“
➪ mögliche Aussage des Senders über sich: ________
➪ möglicher Appell an den Hörer: ________________

„Ich habe Sie vorher auch nicht unterbrochen!“
➪ mögliche Aussage des Senders über sich: ________
➪ möglicher Appell an den Hörer: ________________

„Das haben Sie geschickt eingefädelt!“
➪ mögliche Aussage des Senders über sich: ________
➪ möglicher Appell an den Hörer: ________________

„Was gibt es dort zu sehen?"
➪ mögliche Aussage des Senders über sich: _______
➪ möglicher Appell an den Hörer: _______________

„Meinen Sie das wirklich ernst?"
➪ mögliche Aussage des Senders über sich: _______
➪ möglicher Appell an den Hörer: _______________

„Wie lange beschäftigen Sie sich schon mit diesem Thema?"
➪ mögliche Aussage des Senders über sich: _______
➪ möglicher Appell an den Hörer: _______________

„Ich kann Ihr Verhalten nicht verstehen."
➪ mögliche Aussage des Senders über sich: _______
➪ möglicher Appell an den Hörer: _______________

3. Übung

Hier geht es um die Vermengung der verschiedenen Aspekte und deren Rolle bei der Entstehung von Missverständnissen. Diese entstehen oft dadurch, dass der Sender einen ganz anderen Aspekt seiner Botschaft betonen möchte, als der Empfänger heraushört. Suchen Sie sich Beispiele, wie der Sender und der Hörer ein und dieselbe Aussage dadurch anders verstehen, dass sie jeweils entweder einen anderen Aspekt heraushören oder auf der jeweiligen Ebene inhaltlich ganz unterschiedliche Dinge vermuten.

Beispiel:

Aussage:
„Der Tag war anstrengend.“

➪ Sender will (vielleicht) sagen:
„Ich freue mich auf den Abend mit dir.“

➪ Empfänger hört (vielleicht):
„Lass mich heute Abend in Ruhe.“

Aussage:

➪ Sender will (vielleicht) sagen:

➪ Empfänger hört (vielleicht):

Aussage:

➪ Sender will (vielleicht) sagen:

➪ Empfänger hört (vielleicht):

Aussage:

➪ Sender will (vielleicht) sagen:

➪ Empfänger hört (vielleicht):

Aussage:

➪ Sender will (vielleicht) sagen:

➪ Empfänger hört (vielleicht):

4. Übung

Formulieren Sie zu den angegebenen Aussagen die jeweils entsprechende Ich- bzw. Du-Aussage.

Du(Sie)-Botschaft:	Ich-Botschaft:
______________________ ______________________ ______________________	➪ Ich bin enttäuscht über Ihren nachlassenden Arbeitseinsatz.
______________________ ______________________ ______________________	➪ Bei dem Lärm habe ich Schwierigkeiten, mich zu konzentrieren.
______________________ ______________________	➪ Ich würde gern in Ruhe meine Zeitung lesen.
______________________ ______________________	➪ Ich fühle mich in der letzten Zeit vernachlässigt.
➪ Sie setzen mich ganzschön unter Druck!	➪ Ich fühle mich gehetzt.
➪ Sie informieren mich zu spät.	______________________ ______________________
➪ Sie verstehen mich falsch.	______________________
➪ Das müssen Sie anders angehen!	______________________ ______________________
➪ Sie machen zu viele Fehler!	______________________ ______________________

5. Übung

Die Verwendung von Ich- und Du-Aussagen erhält im Zusammenhang mit konstruktiver Kritik eine besondere Relevanz. Üben Sie hier deshalb noch einmal, Du-Aussagen in entsprechende Ich-Aussagen umzuformulieren.

Ich-Du(Sie)-Botschaften:

➪ Du sollst mich nicht beim Lesen stören!

➪ Musst du immer so schnell fahren?

➪ Du könntest mir ruhig helfen!

➪ Da übertreiben Sie aber!

➪ Jetzt kommen Sie mal auf den Punkt!

➪ Sie gehen nicht auf das ein, was ich gesagt habe!

➪ Sie wollen ständig alles verändern.

6. Übung

Eine sehr schöne Übungsmöglichkeit, um die Wahrnehmung für die Verquickung der verschiedenen Aspekte der Kommunikation zu schärfen, stellt ein Dialog von Loriot dar, in dem sich ein Mann (M) und seine Frau (F) beim Frühstück unterhalten. Überlegen Sie sich bei der Lektüre, welchen Aspekt der Kommunikation der Sender wohl betonen wollte und welchen der Empfänger vor allem wahrgenommen hat. Achten Sie auf die Wirkung dieser Wahrnehmung im Gesprächsverlauf.

M: Berta, das Ei ist hart.
M: Das Ei ist hart.
F: Ich habe es gehört.
M: Wie lange hat das Ei denn gekocht?
F: Zu viele Eier sind gar nicht gesund.
M: Ich meine, wie lange dieses Ei gekocht hat.
F: Du willst es doch immer viereinhalb Minuten haben.
M: Das weiß ich.
F: Wieso fragst du denn dann?
M: Weil dieses Ei nicht viereinhalb Minuten gekocht haben kann.
F: Ich koche das Ei jeden Morgen viereinhalb Minuten.
M: Wieso ist es dann mal zu hart und mal zu weich?
F: Das weiß ich nicht, ich bin kein Huhn.
M: Ach. Und woher weißt du, wenn das Ei gut ist?
F: Ich nehme es nach viereinhalb Minuten heraus, mein Gott.
M: Nach der Uhr oder wie?
F: Nach Gefühl, eine Hausfrau hat das im Gefühl.
M: Was hast du im Gefühl?
F: Ich habe es im Gefühl, wenn das Ei weich ist.
M: Vielleicht stimmt dann mit deinem Gefühl etwas nicht.

F: Mit meinem Gefühl stimmt etwas nicht? Ich stehe den ganzen Tag in der Küche, bringe deine Sachen in Ordnung, ärgere mich mit den Kindern herum und du sagst, mit meinem Gefühl stimmt etwas nicht!

M: Aber wenn man ein Ei nach Gefühl kocht, dann kocht es eben nur zufällig genau viereinhalb Minuten.

F: Es kann dir doch ganz egal sein, ob das Ei zufällig viereinhalb Minuten kocht, Hauptsache, es kocht viereinhalb Minuten!

M: Ich hätte nur gern ein weiches Ei und nicht ein zufällig weiches Ei, es ist mir egal, wie lange es kocht.

F: Aha, das ist dir egal – es ist dir also egal, ob ich viereinhalb Minuten in der Küche schufte!

M: Nein, nein!

F: Aber es ist *nicht* egal, das Ei *muss* nämlich viereinhalb Minuten kochen.

M: Das habe ich doch gesagt!

F: Aber eben hast du doch gesagt, es ist dir egal!

M: Ich hätte nur gern ein weiches Ei.

F: Gott, was sind Männer primitiv!

M: Ich bringe sie um. Morgen bringe ich sie um!

Quelle: Video-Ausgabe von Radio Bremen, 1997: „Loriot – sein großes Sketch-Archiv. Copyright © Studio Hamburg Fernseh Allianz GmbH

KAPITEL 3:

SICH DURCHSETZEN – MANIPULATIONEN ENTGEHEN

Dieses Kapitel beschäftigt sich mit dem eindeutigen Stellen und dem eindeutigen Ablehnen von Forderungen. Die Betonung liegt dabei auf dem Begriff „eindeutig". Die Erfolgswahrscheinlichkeit steigt nämlich mit dem Grad der Eindeutigkeit der Forderung bzw. Ablehnung.

In dem Kommunikationsmodell geht es darum, den Appellaspekt einer Nachricht sehr klar und unmissverständlich zu vermitteln und dadurch mehrdeutige Interpretationen zu reduzieren. In Kapitel 3 wird nun zunächst auf das Kriterium der Selbstsicherheit eingegangen, danach werden Strategien beschrieben, wie man Forderungen konsequent stellen kann. Anschließend geht es dann um Techniken, die ein robustes Ablehnen von Forderungen erleichtern.

Offensichtlich gibt es Menschen, die selbstsicherer wirken als andere – sie haben geradezu eine selbstsichere Ausstrahlung. Diese Ausstrahlung wollen wir nachfolgend etwas näher betrachten, d. h., die Verhaltens- und Reaktionsweisen werden bestimmt, die bei uns den Eindruck von Selbstsicherheit erzeugen.

Selbstsicherheit kann man sehr stark „ausstrahlen“, indem man sich eindeutig äußert. Selbstsicheres Verhalten zeigt sich besonders deutlich beim Stellen und beim Ablehnen von Forderungen bzw. im Gegensatz dazu in dem Grad, in dem man für andere manipulierbar ist, was nichts anderes bedeutet, als dass sie es relativ leicht schaffen, einen von den eigenen Zielen abzubringen.

Das Kriterium für Selbstsicherheit

Woher weiß man eigentlich, ob man in einer konkreten Situation selbstsicher gehandelt hat oder nicht? Am einfachsten kann man erkennen, wenn man *nicht* selbstsicher gehandelt hat. Das ist immer dann der Fall, wenn man das Gefühl hat, dass man in der Entscheidungsfreiheit durch andere Personen eingeengt wurde. Wenn z. B. ein Vertreter an der Tür klingelt und Sie überredet, ein Zeitungsabonnement zu kaufen, obwohl Sie dies eigentlich gar nicht wollen, so passt das, was Sie tun (einen Vertrag unterschreiben), wie Sie sich fühlen (z. B. sich über sich selbst ärgern), und das, was Sie selbst über sich denken (z. B.: „Ich habe mich wieder über den Tisch ziehen lassen“), nicht zusammen. Situationen, in denen Denken, Fühlen und Handeln nicht zusammenpassen, sind für sich allein genommen schon unangenehm. Zusätzlich leidet man auch noch unter den Folgen seines Verhaltens. Im obigen Beispiel bedeutet das etwa, dass man das Abonnement bezahlen muss, was wiederum zumindest finanziellen Aufwand bedeutet. Oder man muss das Abonnement wieder kündigen, was organisatorischen Aufwand zur Folge hat. Wenn Sie dagegen beabsichtigen, eine Zeitung zu abonnieren, und der Vertreter klingelt an der Tür, so ist die Situation ganz anders: Das Handeln (Vertrag unterschreiben), das Fühlen (z. B. Freude darüber, dass man sich einen Weg gespart hat) und das Denken (z. B.: „Der kam jetzt genau richtig") passen nun zusammen.

Ein allgemeines Lebensziel sollte sein, möglichst viele Sektoren des Lebens so zu gestalten, dass diese drei Bereiche langfristig stimmig (konsistent) sind. Hierbei ist zu beachten, dass die *langfristige* Deckungsgleichheit das Ziel sein muss. Es ist meist so, dass man sich *momentan* besser fühlt, wenn man z. B. das Abonnement unterschreibt (weil man einem Konflikt mit dem Vertreter aus dem Weg geht), dass man aber *langfristig* unzufrieden ist. Diese Konstellation tritt häufig auf: Kurzfristig ist es in vielen Fällen vermeintlich einfacher, gegen die eigenen längerfristigen Ziele zu handeln, da man ja den Dingen, die einem unangenehm sind (z. B. die Konfrontation mit einer anderen Person), aus dem Weg geht. Würde man es nicht tun, verhielte es sich wie bei allen präventiven Maßnahmen: Man hat jetzt den Aufwand und später den Nutzen. Daher ist es aus einer kurzfristigen Betrachtung heraus scheinbar besser, sich den momentanen Aufwand zu sparen. Aus einer langfristigen Perspektive betrachtet ist es jedoch sinnvoller, sich mit dem momentan relativ geringen Aufwand später umfangreichere Kosten zu ersparen. „Kosten" bedeutet dabei rein materielle Kosten, aber auch jegliche andere Arten von Aufwand wie z.B. Unannehmlichkeiten, Ärger, Einsatz von Zeit, Steigerung von Komplexität etc.

Das Aus-dem-Weg-Gehen hat immer den Vorteil, dass man kurzzeitig eine Anspannung vermeidet, dabei aber den Nachteil, dass man seine eigenen Ziele aus den Augen verliert. Man muss sich daher immer die langfristigen Ziele und Auswirkungen des eigenen Verhaltens bewusst machen. Dies kann z. B. geschehen, indem man sich Fragen wie die unten im Kasten angeführten stellt.

Kriterium für Selbstsicherheit

Langfristige Deckungsgleichheit von Denken, Fühlen und Handeln

Fragen zur Überprüfung der langfristigen Deckungsgleichheit:

- Was werde ich wohl in einem halben Jahr über mein jetziges Verhalten denken?
- Wie werde ich wohl in drei Jahren zu diesem Verhalten stehen?

Kann man diese Fragen folgendermaßen beantworten: „Auch in drei Jahren werde ich noch denken, dass ich richtig gehandelt habe“, so ist Stimmigkeit gegeben. Lautet die Bewertung „In drei Jahren werde ich denken, dass ich mich habe hereinlegen lassen“, so besteht Unstimmigkeit. Es gibt also zwei Prüfsteine, um festzustellen, ob das eigene Verhalten angemessen ist:

Kriterien zur Überprüfung des eigenen Verhaltens

1. Passen Denken, Fühlen und Handeln im Moment zusammen?
2. Passen Denken, Fühlen und Handeln auch langfristig zusammen?

Eine Technik, um nach außen zu zeigen, dass man sich selbst sicher, dass das eigene Handeln stimmig ist, besteht darin, möglichst eindeutig in seinem Verhalten zu sein. Das Gegenüber hat gute „Antennen“, um zu erkennen, wie sicher man sich selbst bei dem ist, was man fordert oder ablehnt. Selbstunsicheres Verhalten ist immer zwei-

oder mehrdeutig, es signalisiert dem Gegenüber, dass es sich lohnt, Energie dafür aufzuwenden, uns zu manipulieren. Wenn man selbstsicher sein will, muss man sich selbst sicher sein, dass man das, was man fordert, auch wirklich will. Man bedeutet dem Gegenüber durch selbstsicheres Verhalten, dass man die eigene Forderung oder Ablehnung für gerechtfertigt hält.

Stellen von Forderungen

In diesem Abschnitt geht es um das Durchsetzen eigener Forderungen auch gegen Widerstände anderer Personen. Das Kriterium dabei ist wiederum die größtmögliche Eindeutigkeit, die dem Gegenüber zeigt: „Ich bin mir selbst ganz sicher, dass dies eine (legitime) Forderung ist."

Eindeutiges Formulieren von Forderungen – Forderungen und Nichtforderungen

Manches in diesem Abschnitt wird sich anfangs vielleicht wie Haarspalterei anhören, aber genau in diesen feinen Differenzierungen liegt häufig der entscheidende Unterschied, der eine Aussage zu einer eindeutigen oder zu einer Nichtforderung macht.

Oft glaubt man eine Forderung zu stellen, bei genauer Betrachtung entpuppt sich das Ganze jedoch als die Vermeidung einer eindeutigen Forderung. Es handelte sich also um eine Nichtforderung. Stellen Sie sich folgende Situation vor: Sie haben eine längere Zugfahrt vor sich und dafür einen Platz reserviert. Sie kommen in das Abteil und sehen, dass jemand auf Ihrem reservierten

Platz sitzt. Notieren Sie, mit welcher Formulierung Sie die Person auffordern, den Platz zu räumen:

Ihre Formulierung:

____

____

____

____

Lassen Sie uns nun überprüfen, ob Ihre Formulierung tatsächlich eindeutig ist oder ob es sich um eine oder eine Mischung aus mehreren Formen der Nichtforderung handelt. Es gibt nämlich prinzipiell mehrere Möglichkeiten, *keine* eindeutige Forderung zu stellen. Die obige Beispielsituation kann dabei nur als Übungsbeispiel zur Verdeutlichung dienen, denn es gibt natürlich Situationen, in denen man versucht, Forderungen von wesentlicherem Inhalt durchzusetzen.

Erste Nichtforderung: Sich für die Forderung entschuldigen

Eine typische Formulierung lautet: „Entschuldigung, bitte lassen Sie mich auf meinen Platz setzen." Man signalisiert dem Gegenüber: „Ich habe eine Forderung, ich muss mich aber dafür entschuldigen." Häufig wird an dieser Stelle eingewendet, dass man die Entschuldigung gar nicht als Entschuldigung meint, sondern sie nur eine Floskel ist, mit der der Kontakt hergestellt werden soll. Wenn dem so ist, verhält man sich jedoch wiederum zweideutig: Man sagt Dinge, die man eigentlich gar nicht so meint. Bei einer Forderung, die eine Entschuldigung enthält, gibt es also zwei Möglichkeiten:

1. Man entschuldigt sich tatsächlich für die eigene Forderung und signalisiert dem Gegenüber, dass man etwas Unanständiges tut (sonst müsste man sich ja nicht dafür entschuldigen). Der Gesprächspartner merkt dann, dass man sich somit selbst unsicher ist, ob die Forderung berechtigt ist.
2. Man will sich eigentlich gar nicht entschuldigen, die Entschuldigung ist nur eine Floskel. Dann verhält man sich auch in diesem Fall zweideutig, da man etwas sagt, was man eigentlich gar nicht meint.

Daraus lässt sich folgende Regel ableiten:

Regel 1 zum eindeutigen Formulieren von Forderungen

Vermeiden Sie Entschuldigungen für die jeweilige Forderung.

Zweite Nichtforderung: Forderung als Frage

Formuliert man eine Forderung als Frage, so stellt man damit die eigene Forderung „infrage“. Fragen stellt man, um eine Information zu erhalten. Stellt man dagegen eine Forderung, will man in der Regel keine Information bekommen. Verpackt man eine Forderung nun in eine Frage, so vermischt man den Appell- mit dem Informationsaspekt. Gleichzeitig eröffnet man mit seiner Frage eventuell eine Diskussion, indem man dem Gegenüber zuerst einmal die Chance einräumt, seine Position darzulegen. Eine typische Formulierung für eine als Frage gestellte Forderung lautet: „Können Sie bitte aufstehen?“

Natürlich will in dieser Situation niemand wissen, ob das Gegenüber prinzipiell physisch imstande ist, sich vom Platz zu erheben. Man verhält sich also wieder uneindeutig, da man eine Frage stellt, die eigentlich gar nicht als solche gemeint war. Daher lautet die zweite Regel:

Regel 2 zum eindeutigen Formulieren von Forderungen

Stellen Sie die Forderung nicht als Frage – die Forderung endet mit „!“, nicht mit „?“.

Dritte Nichtforderung: Forderung als versteckte Frage

Eine weitere Gattung der Nichtforderung ist die „versteckte Frage“. Sie ist in der Schriftform nicht zu erkennen, sondern erst durch die Betonung beim Sprechen wird deutlich, ob es sich um eine Forderung oder (versteckte) Frage handelt. Um dies zu verdeutlichen, sagen Sie bitte die folgenden Sätze laut für sich: „Stehen Sie bitte auf!“ – „Stehen Sie bitte auf?“ Indem man die Stimme am Schluss des Satzes hebt, kann man aus einer Aussage (am Ende steht ein Ausrufezeichen) eine Frage (am Ende steht ein Fragezeichen) machen. Dieses paraverbal mitgesprochene Zeichen am Schluss entscheidet darüber, ob eine Aussage zur Frage wird.

Stimmhöhen bei Aussagen und versteckten Fragen

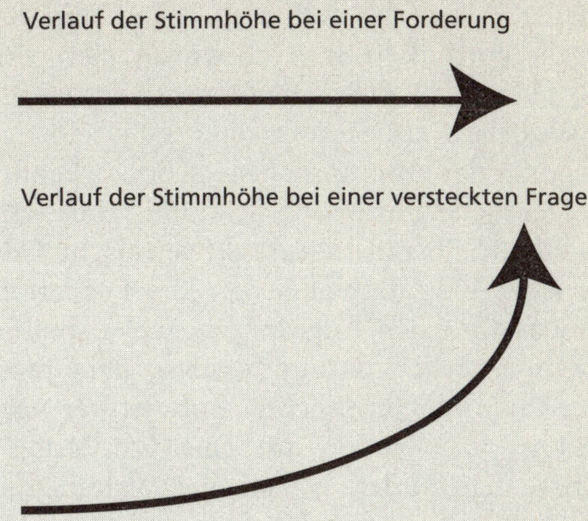

Versucht man eine Forderung nicht als Frage zu stellen, so sorgt manchmal eine eingeschliffene Vermeidungsstrategie dafür, dass die Forderung durch den Tonfall doch noch zu einer versteckten Frage wird. Man kann sich das selbst erschweren, indem man sie mit „Bitte“ beginnt. In unserem Beispiel würde die Formulierung lauten: „Bitte stehen Sie auf!“ Sie sehen, dass es sehr schwierig ist, aus diesem Satz noch eine versteckte Frage zu machen.

Die dritte Regel beim Stellen von Forderungen lautet daher:

Regel 3 zum eindeutigen Formulieren von Forderungen

Vermeiden Sie versteckte Fragen – die Forderung endet mit „!“, nicht mit verstecktem „?“.

Vierte Nichtforderung: Über sich selbst reden

Eine weitere Strategie zur Vermeidung einer eindeutigen Forderung ist, über sich selbst zu reden. Ein Beispiel hierfür ist die Formulierung: „Ich würde mich gern hier hinsetzen." Man sagt damit nicht, was sein Gegenüber tun soll, sondern man spricht über sich selbst in der Hoffnung, dass der Angesprochene schon erkennt, welches die eigentliche Forderung sein soll. Hier wird der Appell- mit dem Selbstaussageaspekt vermischt. Dadurch entsteht wieder Zweideutigkeit. Ist die Forderung mit einem Aufwand für den Angesprochenen verbunden, so wird er sich natürlich darauf berufen, dass man ihm lediglich etwas mitteilen möchte – obwohl er natürlich weiß, dass es im Grunde um eine Forderung geht. Solange man dem anderen also eine Wahlmöglichkeit lässt, wird er immer den für sich bequemeren Weg wählen.

Eine Unterform dieser Art einer Nichtforderung ist, die Forderung als eine Aussage über eine andere Person zu formulieren, z. B. mit dem Satz: „Sie stehen jetzt auf." Dies ist entweder ein Befehl (wobei man normalerweise keine Befehlsgewalt über andere hat) oder eine falsche Aussage (der andere sitzt ja noch).

Regel 4 zum eindeutigen Formulieren von Forderungen

Reden Sie nicht über sich selbst, sondern darüber, was der andere tun soll.

Fünfte Nichtforderung: Die Forderung nonverbal zurücknehmen

Eine verbal eindeutige Forderung kann durch nonverbale Signale doch noch verwässert werden, z. B. durch gleichzeitiges Lächeln. Dadurch erzeugt man wiederum Zweideutigkeit, weil man signalisiert: „Ich meine es gar nicht so ernst."

Regel 5 zum eindeutigen Formulieren von Forderungen

Nehmen Sie die Forderung nicht nonverbal zurück.

Sechste Nichtforderung: Grammatikalisch falsche Sätze verwenden

Auch indem man grammatisch falsche, d. h. unvollständige Sätze formuliert, vermeidet man es, eine eindeutige Forderung zu stellen. Ein vollständiger Satz enthält mindestens ein Verb und ein Subjekt. Beispiele für unvollständige Sätze in der zuvor genannten Zugsituation sind: „Würden Sie ...?" – „Bitte ..." (evtl. von einer Geste begleitet). Hierbei fehlt in der Regel das Verb, das dem anderen sagt, was er tun soll.

Regel 6 zum eindeutigen Formulieren von Forderungen

Formulieren Sie grammatisch vollständige Sätze (die auch ein Verb enthalten).

Warum sollten Forderungen in dieser Eindeutigkeit formuliert sein?

Mit einer klar formulierten Forderung signalisieren wir nicht nur nach außen hin, dass wir wissen, was wir wollen und uns selbst sicher sind, sondern sie erfüllt noch eine zweite Funktion: Durch das eindeutige Formulieren zwingt man sich selbst, geistig zu sortieren, welches Hauptbedürfnis man im Moment hat. Es ist daher auch ein Hilfsmittel, um sich selbst klar zu werden, was man will. Nur wenn es gelingt, die eigenen Wünsche eindeutig in Form einer kurzen, präzisen Formulierung abzubilden, kann man sicher sein, dass man seinem Bedürfnis gerecht wird. Nur dann, wenn man eine Forderung eindeutig formulieren kann, ist man sich selbst sicher (= selbstsicher), dass man genau diese Forderung auch tatsächlich hat. Dies ist wiederum die Voraussetzung dafür, sie auch durchsetzen zu können.

Würde man in einer Welt leben, in der einem die Mitmenschen jeden Wunsch von den Augen ablesen und ihn schon in vorauseilendem Gehorsam und Wohlwollen erfüllen, könnte man sich natürlich problemlos zweideutig verhalten, ohne von anderen manipuliert zu werden. Wenn man dagegen in einer Welt lebt, in der die Mitmenschen nicht immer den Vorteil der anderen im Auge haben – z. B., weil es sie einiges kosten würde, deren Forderungen nachzukommen –, und wenn man in einer Welt lebt, in der andere Personen einen gelegentlich manipulieren und von den eigenen Forderungen abbringen wollen, dann ist die Gefahr groß, dass die Mitmenschen eventuelle Uneindeutigkeiten beim Stellen von Forderungen gezielt ausnutzen. Sie werden im Zweifelsfall gezielte Fehlinterpretationen nichteindeutiger Forderungen vornehmen. Wenn man z. B. sagt: „Ich würde mich gern hinsetzen“, so kann die Antwort lauten: „Das kann ich verstehen, der Zug ist heute ziemlich voll, im Nebenabteil sind noch Plätze frei.“ Je mehr Unannehmlichkeiten es den anderen kostet, unserer Forderung zu entsprechen, und je uneindeutiger die jeweilige Situation ist, desto eher wird er geneigt sein, solche gezielten Fehlinterpretationen vorzunehmen und der Forderung (die man ja auch gar nicht eindeutig gestellt hat) nicht nachzukommen. Diese Unterschiede in den Formulierungen erscheinen vielleicht im Moment als sehr gering, vielleicht auch haarspalterisch und zwanghaft – aber es sind ebendiese Unterschiede, die den Unterschied ausmachen! Mit präzisen und klaren Aussagen erzeugen Sie eine selbstsichere Ausstrahlung, die Ihr Gegenüber sehr wohl wahrnimmt.

Trainingsmöglichkeit

Überlegen Sie sich eine Forderung, die Sie an eine andere Person haben. Notieren Sie, wie Sie diese Forderung spontan formulieren würden.

Eigenes Beispiel:

Überprüfen Sie Ihren Satz anhand des nachfolgenden Prüfschemas für eindeutige Forderungen.

Prüfschema für eindeutige Forderungen

Überprüfen Sie, ob Ihre Formulierung:

- eine Entschuldigung enthält,
- eine Frage beinhaltet,
- eine versteckte Frage einschließt,
- etwas über Sie selbst aussagt (anstatt das zu benennen, was der andere tun soll),
- eine nonverbale Relativierung enthält,
- grammatikalisch falsch (unvollständig) ist.

Sollte einer dieser Punkte erfüllt sein, so ändern Sie die Formulierung ab und überprüfen Sie sie erneut, bis sie eine ganz eindeutige Forderung darstellt. Nehmen Sie sich an dieser Stelle etwas Zeit und überlegen Sie, wie Ihr Gegenüber wohl reagieren würde, wenn Sie eine Forderung tatsächlich in dieser eindeutigen Art stellen würden. Denken Sie dabei an etwas, das Sie im täglichen Leben fordern können, z. B., jemanden aufzufordern, Ihnen einen Weg zu beschreiben oder Geld zu wechseln etc.

Wenn wir uns eine solche Reaktion ausmalen, steigen meistens alle möglichen Befürchtungen in uns hoch, die zwar in dieser Weise eintreten *können*, aber es könnte genauso gut auch anders kommen. Wir wissen es nun einmal nicht. In Situationen, in denen Selbstsicherheit gefragt ist, nimmt man meist zu den eigenen Ungunsten die möglichen negativen Folgen seines Handelns an.

Wie wird Ihr Gegenüber auf diese eindeutige Forderung reagieren?

Übung

Stellen Sie die anhand des zuvor genannten Satzes überprüfte und inzwischen eindeutige Forderung tatsächlich in einer realen Situation. Achten Sie dabei auf die Reaktion Ihres Gegenübers. Vergleichen Sie die erwartete mit der tatsächlichen Reaktion.

Tatsächliche Reaktion:

Eine weitere sehr gute Trainingsmöglichkeit stellt die im Abschnitt „Üben, wenn man die Techniken gerade *nicht* braucht“ beschriebene Übung dar.

Bei der Forderung bleiben

Was passiert, wenn Sie eine Forderung an jemanden stellen, dieser ihr aber nicht nachkommen möchte? Er wird wahrscheinlich versuchen, die Forderung zu zerreden, indem er zuerst nach einer Begründung fragt und diese danach zu widerlegen versucht.

Wenig Begründung liefern

Die Manipulation erfolgt dann nach folgendem Schema: Auf die Begründung für die Forderung erfolgt deren Entkräftung. Derjenige, der die Forderung stellt, muss sich daraufhin eine neue Begründung überlegen, die der andere wieder entkräftet. Dieser Mechanismus geht so lange weiter, bis der Fordernde keine Argumente mehr hat – er ist dann „überredet“ bzw. manipuliert. Der andere muss nur die Argumente entkräften, er ist in der destruktiven Rolle, wohingegen der Fordernde in der kreativen Rolle (Argumente erfinden) ist, was ihm in solchen Situationen sowieso besonders schwer fällt.

Lässt man sich auf diese Argumentation ein, so gibt es prinzipiell zwei Möglichkeiten: Erstens, der Fordernde ist besser und „überzeugt“ den anderen. Zweitens, der andere ist besser, und „überzeugt“ den Fordernden. Das heißt: Wenn man sich auf dieses Spiel einlässt, hat man immer das Risiko, dass man manipuliert wird. Wenn das Gegenüber geschickter ist als man selbst, hat man keine Chance, die eigene Forderung durchzubringen. Wer andere geschickt manipuliert, verschiebt quasi die Problematik, indem es letztendlich nicht mehr um die Forderung geht. Die ganze Situation wird dann zu einer Art

Kreativitätsspiel: Wer hat noch mehr und noch bessere Argumente? Wer kann sie besser entkräften?

Um Ihre Forderung durchzusetzen, geben Sie also nur eine sehr knappe Begründung ab (je umfangreicher sie ist, desto mehr Ansatzpunkte liefern Sie dem Gegenüber für Gegenargumente). Jede Forderung lässt sich in einem oder maximal zwei Sätzen beschreiben. Alles andere ist nur irreführend. Machen Sie nach der eindeutigen Formulierung und der kurzen Begründung einen Punkt! Wenn Sie es nicht schaffen, die Forderung plus knapper (!) Begründung in maximal zwei Sätzen zu formulieren, sollten Sie noch einmal darüber nachdenken, ob hinsichtlich Ihrer Forderung wirklich Ihr Denken, Fühlen und Handeln längerfristig zusammenpassen. Wenn Sie lange herumreden müssen, ist dies ein Zeichen dafür, dass Sie sich selbst noch nicht sicher (noch nicht selbst-sicher) genug sind, worin Ihre Forderung eigentlich besteht. Denken Sie dann noch einmal über Ihre Forderung nach.

Regel 7 zum eindeutigen Stellen von Forderungen

Geben Sie nur eine ganz kurze und knappe Begründung für Ihre Forderung ab (maximal zwei Sätze).

Die Technik der „Schallplatte mit Sprung“

Eine weitere Technik zum Durchsetzen von Forderungen lautet: Bleiben Sie exakt bei der eindeutigen Formulierung Ihrer Forderung. Dies geschieht dadurch, dass Sie sie immer wörtlich genau wiederholen. Jedes Abweichen von der Forderung signalisiert dem Gegenüber: Hier ist ein Ansatzpunkt, hier lohnt es sich, Überzeugungsarbeit aufzuwenden. In Analogie zum „aktiven Zuhören“ besteht die Technik der Schallplatte mit Sprung in einem

„aktiven Weghören". Damit zeigen Sie dem Gegenüber: „Ich verwende meine Aufmerksamkeit darauf, bei meiner Forderung zu bleiben. Für die möglichen Gegenargumente habe ich keine Aufmerksamkeit übrig." Der andere merkt intuitiv (infolge der selbstsicheren Ausstrahlung), ob man mit seiner Aufmerksamkeit bei der eigenen Forderung oder bei seinen Gegenargumenten ist. Je mehr er glaubt, man folge geistig seinen Argumenten, desto größer wird er die Chance sehen, einen zu überreden.

Die Technik, um dies zu vermeiden, nennt man die Technik der „Schallplatte mit Sprung". Sie besteht darin, konsequent die eigene Forderung zu wiederholen, egal was der andere sagt. Auf jedes Argument des Gegenübers wiederholen Sie die eigene eindeutige Forderung. Sie signalisieren ihm damit, dass Sie seine Einwürfe gar nicht wahrnehmen.

Nun kann man einwenden, dass dies eine sehr einfallslose Strategie sei. Ihr Gegenüber hofft genau darauf, dass Sie so denken und sich dadurch geradezu selbst von dieser Strategie abbringen, indem es an entsprechende Leitideen appelliert (vgl. Kapitel 7). Diesen Gefallen sollten Sie ihm nicht tun! Bleiben Sie stattdessen bei Ihrer eindeutigen Formulierung und signalisieren Sie Ihrem Gegenüber, dass es keine Chance hat, mit Ihnen über Ihre Forderung zu diskutieren. Dies hat wiederum zwei Konsequenzen: Dem anderen gehen erstens nach kurzer Zeit die Argumente aus, da er jetzt nicht nur Ihre Begründungen widerlegen muss, was meist viel leichter ist. Zweitens verliert er nach kurzer Zeit die Motivation, weil er merkt, dass die Energie verschwendet ist.

Eine Diskussion über das nächste Urlaubsziel zwischen einem Mann (M) und seiner Frau (F) könnte etwa folgendermaßen verlaufen. Der Mann möchte ins Gebirge fahren, die Frau bevorzugt das Meer:

F: Bitte fahr im Urlaub mit mir ans Meer.
M: Warum sollen wir schon wieder ans Meer fahren, wir waren doch erst vor zwei Jahren am Meer?
F: Zwei Jahre sind eine lange Zeit.
M: Genau, wir waren schon drei Jahre nicht mehr in den Bergen, das ist noch länger her. Außerdem hat es dir das letzte Mal in den Bergen gut gefallen.
F: Ja schon, aber ich will nicht so viel wandern.
M: Das ist kein Problem, dann gehe ich wandern und du kannst in der Zeit zum Baden gehen.
F: Es ist aber immer so eine lange Fahrt in die Berge.
M: Wir können ja mit der Bahn fahren.
F: Aber am Meer hat man mehr Freizeitmöglichkeiten.
M: Dann fahren wir eben in einen Ferienclub in den Bergen.
F: Aber mir bekommt die Luft in den Bergen nicht so gut.
M: Das ist alles Trainingssache. Wenn wir öfter in die Berge gehen würden, wäre das kein Problem für dich. Außerdem kannst du dich ja durch Sport auf den Bergurlaub vorbereiten.
F: Es ist mir aber zu aufwändig, mich auch noch auf den Urlaub vorzubereiten. Der Urlaub ist zum Erholen da.
M: Es ist sowieso sinnvoll, Sport zu machen, egal ob für den Urlaub oder nicht.
F: Dann lass uns aber wenigstens nach ... in die Berge fahren.

Durch die Art, wie sie ihre eigenen Argumente formuliert und auf die Argumente ihres Mannes eingeht, signalisiert die Frau ihm zwei Dinge: erstens, dass sie *eigentlich* keine Lust hat, in die Berge zu fahren, und zweitens, dass es nur eine Frage der Anzahl und der Qualität seiner Argumente ist, um sie doch noch davon zu überzeugen, dass es besser ist, Urlaub in den Bergen zu machen.

Jedes Argument der Frau, nicht in die Berge zu fahren, wird vom Mann zerredet. Sie muss sich immer wieder neue Argumente einfallen lassen, die der Mann nur zu widerlegen braucht. Die Frau muss in dieser Diskussion kreativ sein, der Mann hat die relativ bequeme Aufgabe, ihre Argumente einfach nur zu widerlegen. Mit der Technik der Schallplatte mit Sprung könnte dieser Dialog dagegen etwa folgendermaßen aussehen:

Beispieldialog für die Technik der Schallplatte mit Sprung

F: Bitte fahr im Urlaub mit mir ans Meer. (eindeutige Forderung)

M: Warum willst du denn immer ans Meer?

F: Mir gefällt es am Meer besser, bitte fahr im Urlaub mit mir ans Meer. (kurze Begründung, Wiederholung der Forderung)

M: Aber wir waren doch erst vor zwei Jahren am Meer.

F: Bitte fahr im Urlaub mit mir ans Meer. (Schallplatte mit Sprung)

M: In den Bergen kann man doch viel mehr unternehmen.

F: Bitte fahr im Urlaub mit mir ans Meer. (Schallplatte mit Sprung)

M: Es hat dir doch in den Bergen das letzte Mal so gut gefallen.

F: Bitte fahr im Urlaub mit mir ans Meer. (Schallplatte mit Sprung)

M: Unsere Bekannten fahren aber auch alle in die Berge.

F: Bitte fahr im Urlaub mit mir ans Meer. (Schallplatte mit Sprung)

Die „Beweislast“ liegt nun umgekehrt: Die Frau braucht nur immer bei ihrer Forderung zu bleiben, sie liefert somit keine Anhaltspunkte für den Mann, diese wegzudiskutieren. Der Mann dagegen ist jetzt in der unkomfortablen Situation, ständig neue Gegenargumente erfinden zu müssen. Dadurch dass sie nicht auf die Argumente des Mannes eingeht, signalisiert ihm die Frau, dass es nicht möglich ist, ihre Forderung einfach zu zerreden. Man muss regelrecht üben, auf seiner Forderung zu beharren, da man in der Regel dazu tendiert, davon abzuweichen. Dies nutzt natürlich der andere, indem er nach einer Begründung fragt.

Die Technik der Schallplatte mit Sprung ist übrigens nicht neu. Napoleon wird der Satz zugeschrieben: „Es gibt nur *eine* wirkliche rhetorische Figur: die Wiederholung.“

Regel 8 zum eindeutigen Stellen von Forderungen

- Bleiben Sie wörtlich genau bei Ihrer Forderung („Schallplatte mit Sprung“).

Nicht auf Provokationen reagieren

Wenn es Ihrem Gesprächspartner nicht gelingt, Sie von Ihrer Forderung abzubringen, weil Sie die Technik der Schallplatte mit Sprung anwenden, wird er zur zweiten Stufe der Manipulation übergehen. Er verlässt nun den rationalen, sachlichen Bereich – da er damit offensichtlich nichts erreicht – und begibt sich in den persönlich-emotionalen Bereich. Dies geschieht in der Regel durch folgende Methoden:

Ansprechen des emotionalen Bereichs durch:

- Appell an das schlechte Gewissen
- Androhen negativer Konsequenzen
- Inaussichtstellen von Belohnung
- Zitieren von (Schein-)Autoritäten
- Destruktive Kritik

Entsprechende Provokationen im Beispieldialog zum Thema Urlaubsziel könnten sein:

Du bist schuld daran, wenn ich mich im Urlaub nicht erhole.
Wenn ich am Meer die ganze Zeit schlecht gelaunt bin, trägst du dafür die Verantwortung.
Wenn wir ans Meer fahren, fahre ich nicht mit in den Winterurlaub.
Wenn du mit in die Berge fährst, kannst du jeden Tag ins Schwimmbad gehen.
In der Zeitung stand gestern: Urlaub in den Bergen ist gesund.
Kannst du eigentlich nur immer einen Satz sagen?
Was für eine Technik versuchst du gerade anzuwenden?
Was hast du denn da wieder für einen Müll gelernt?

Auch auf der zweiten Stufe der Manipulation kann die Technik der Schallplatte mit Sprung sehr effizient sein. Allerdings fällt es bei persönlichen Angriffen am Anfang meist noch schwerer, bei seiner Formulierung zu bleiben, da wir in der Regel sehr genau hinhören, was der andere sagt. Allerdings wartet der andere genau darauf, er wirft „Köder“ aus und hofft, dass sich der Angegriffene darauf stürzt. Diesen Gefallen sollte man ihm nicht tun. Das

Thema „Umgang mit Provokationen und destruktiver Kritik“ wird in Kapitel fünf näher beschrieben.

Regel 9 zum eindeutigen Stellen von Forderungen

Reagieren Sie nicht auf Provokationen, sondern wenden Sie stattdessen die Technik der Schallplatte mit Sprung bzw. Strategien aus Kapitel fünf an.

Ablehnen von Forderungen

Beim erfolgreichen Ablehnen von Forderungen, die an einen selbst gestellt werden, kommen zum Teil die gleichen Techniken zur Anwendung, wie sie auch bei der Durchsetzung von Forderungen hilfreich sind. Dies soll an einem Beispieldialog verdeutlicht werden. Darin bittet Person A Person B, As Großmutter vom Bahnhof abzuholen. Person B möchte dies nicht für Person A tun.

A: Könntest du meine Großmutter für mich vom Bahnhof abholen?

B: Ich habe eigentlich keine Zeit. Kannst du sie denn nicht selbst abholen?

A: Das würde ich natürlich tun, aber ich muss noch einige dringende Besorgungen machen und meine Wohnung aufräumen.

B: Ich stehe auch unter Zeitdruck.

A: Was hast du denn vor?

B: Ich muss selbst noch einkaufen.

A: Das ist kein Problem – sag mir, was du brauchst, und ich bringe es dir mit.

B: Ich müsste aber in einige Geschäfte selbst gehen.
A: Das kannst du doch sicher auch noch morgen erledigen, aber meine Oma kommt nun einmal heute an, und jemand muss sie abholen.
B: Hast du nicht früher gewusst, dass deine Oma heute kommt?
A: Nein, sie hat mich heute ganz überraschend angerufen.
B: Das kommt mir jetzt ganz ungelegen.
A: Mir ja auch, aber du kannst mir nun einmal aus dieser Situation heraushelfen. Wenn ich an deiner Stelle wäre, wäre das für mich gar keine Frage.
B: Ja, ich weiß, du hast mir auch schon oft geholfen.
A: Genau, wenn du das nächste Mal in der Klemme bist, helfe ich dir wieder.
B: Gut, ich hole deine Oma ab.
A: Ich wusste, dass ich mich auf dich verlassen kann.

Person B gibt Person A im Verlauf des Dialogs zu erkennen, dass sie die Großmutter eigentlich nicht abholen möchte, dass es andererseits aber nur eine Frage der Anzahl und der Qualität der Argumente ist, bis sie der Forderung von Person A nachkommt. Dies signalisiert Person B dadurch, dass sie auf die Argumente von Person A eingeht und sie zu widerlegen versucht. Person A muss daraufhin nur die Argumente von Person B ad absurdum führen, und Person A ist in der Defensive. Um die Gefahr abzuwenden, dass ein Gespräch in der oben dargestellten Form verlaufen kann, ist es sinnvoll, folgende Regeln zum konsequenten Ablehnen von Forderungen zu beachten.

Nur eine kurze Begründung für die Ablehnung geben

Machen Sie einen Punkt! Normalerweise begründen wir eine Ablehnung mehr oder weniger ausführlich. Mit jeder Begründung laden wir den anderen geradezu dazu ein, diese zu widerlegen. Mit jeder Begründung „füttert" man den anderen und ist ihm dabei behilflich, einen argumentativ auszuhebeln.

Regel 1 zum konsequenten Ablehnen von Forderungen

Begründen Sie Ihre Ablehnung nur ganz kurz.

Vermeidung objektiv-rationaler Diskussionen, dagegen rein subjektive Begründungen verwenden

Wenn man z. B. die Bitte eines Bekannten, mit ihm ins Kino zu gehen, mit der Formulierung ablehnt: „Ich möchte eigentlich nicht ins Kino gehen, weil der Film nicht so interessant ist", so verhält man sich wieder uneindeutig. Der Bekannte kann aus dieser Formulierung zwei Dinge entnehmen: 1. Man will (eigentlich) nicht ins Kino gehen. 2. Es besteht aber eine gute Chance, dass er einen doch noch überreden kann.

Die erste Botschaft entsteht durch das relativierende „Eigentlich". Die zweite dadurch, dass man „objektive" Begründungen für die Ablehnung liefert. Durch die erste Botschaft ermutigt, Energie in die Überredung zu stecken, hat der Bekannte nun nur noch die Aufgabe, die „objektive" Begründung als falsch zu entlarven. „Der Film ist nicht so interessant" kann z. B. durch folgende Argumente zerredet werden: „Der Film hat aber eine gute Kritik erhalten", „Karl fand den Film aber ganz toll", „Du kannst den Film doch erst nachher beurteilen" etc.

Lässt man sich auf diese „objektiv-rationale“ Diskussion ein, so gibt es wieder zwei Möglichkeiten: 1. Man hat selbst die besseren Argumente. 2. Der andere hat bessere Argumente (dann kann man nicht mehr ablehnen, weil es objektiv richtig ist, seiner Bitte nachzukommen). Eine objektiv-rationale Diskussion zur Begründung einer Ablehnung ist nur dann eine sichere Möglichkeit, um damit durchzukommen, wenn man tatsächlich die besseren Argumente hat. Dies ist meist nicht der Fall, wenn der andere ein professioneller „Überzeuger“ ist (wie z. B. ein Versicherungsvertreter oder Vertreter gewisser Glaubensgemeinschaften) oder sich sehr gut vorbereitet hat und man unvorbereitet mit seiner Forderung konfrontiert wird. Dies kann mit der nachfolgenden Übung verdeutlicht werden.

Übung

Überlegen Sie kurz, welche Argumente Ihnen spontan einfallen, eine Versicherung bei einem Versicherungsvertreter, der Ihnen gerade gegenübersitzt, *nicht* zu kaufen.

Ihre Argumente gegen den Kauf einer Versicherung:

Wahrscheinlich werden Ihnen in etwa folgende Argumente eingefallen sein:

Beliebte Argumente gegen den Kauf einer Versicherung

- Ich habe schon eine Versicherung.
- Ich habe schlechte Erfahrungen mit Versicherungen gemacht.
- Ich brauche keine Versicherung.
- Versicherungen zahlen im Schadensfall sowieso nie.
- Ich habe momentan kein Geld.
- Die Versicherung ist zu teuer.
- Ich kaufe grundsätzlich nichts an der Haustür.
- Ich habe momentan keine Zeit.

Fragt man zehn Personen nach spontanen Argumenten, eine Versicherung nicht zu kaufen, so werden in der Regel ca. zehn Standardargumente genannt. Wenn Sie an der Haustür überrascht werden, ist es subjektiv sehr kreativ und schlagfertig, wenigstens zwei bis drei Argumente zu finden. Aus der Sicht des Vertreters sind diese jedoch hochgradig einfallslos, da er diese Argumente ständig hört und darin geschult ist, Ihre Argumente zu entkräften. Bevor er überhaupt auf reale Menschen zugeht, hat er diese Standardargumente und deren Widerlegung auswendig gelernt.

Wenn man sich auf die Argumentation einlässt, hat man von vornherein verloren. Auf das Argument: „Ich habe schlechte Erfahrungen mit Versicherungen gemacht“ kann z. B. folgendermaßen reagiert werden: „Das hören wir immer wieder – es gibt wirklich solche Versicherungen. Genau in diesem Punkt unterscheidet sich unsere Versicherung von anderen.“ – „Im neuesten

Versicherungsvergleich der Zeitung XY hat unsere Versicherung in puncto Kulanz und Kundenfreundlichkeit am besten abgeschnitten" (die Negativpunkte aus diesem Vergleich werden natürlich verschwiegen). – „Was Sie sagen, ist interessant. Bei welcher Versicherung sind Sie denn? Wie war das beim letzten Schadensfall?"

Schon hat ein Gespräch begonnen, die Diskussion dreht sich jetzt um alles Mögliche, nur nicht mehr um Ihre Ablehnung oder Ihre Forderung an den Vertreter. Auf jedes der zuvor genannten Argumente hat ein professioneller „Überzeuger" mindestens drei auswendig gelernte (und intensiv trainierte) Gegenargumente. Erschwert wird die Situation natürlich noch, wenn die „Überzeuger" zu zweit auftreten, wie dies insbesondere bei Vertretern diverser Glaubensgemeinschaften häufig der Fall ist. Professionelle „Überzeuger" sind meist dadurch im Vorteil, dass sie speziell ausgebildet sind und sehr viel Erfahrung haben. Nichtprofessionelle „Überzeuger" (z. B. Bekannte, die einen zu etwas überreden wollen) haben diesen Vorsprung meist nicht. Sie sind aber in der Regel besser vorbereitet und haben zumindest die Überraschung auf ihrer Seite. Gegenüber professionellen „Überzeugern" haben sie den ganz entscheidenden Vorteil, dass sie uns viel besser kennen und genau wissen, auf welchen Manipulationsinhalt wir bevorzugt reagieren. An dieser Stelle sei vermerkt, dass es generell natürlich sehr sinnvoll sein kann, z. B. verschiedene Versicherungen abzuschließen.

Entscheidend bei der ganzen Sache ist, ob Ihre Wahl freiwillig oder durch Manipulation zustande kam. Ob die Situation für Sie richtig und stimmig ist, können wiederum nur Sie entscheiden, indem Sie sich fragen, ob das, was Sie tun, wie Sie sich fühlen und wie Sie über sich denken, langfristig zusammenpasst. Ist das nicht der Fall, so kann dies ein Anlass sein, sich näher mit solchen Situationen zu beschäftigen und andere Lösungsmöglichkeiten zu suchen. Wenn uns andere überzeugen wollen, so erinnert dies häufig an die „Gabel“ beim Schachspiel: Man sperrt die möglichen Fluchtwege nach rechts und links ab, der Partner hat nur noch eine Bewegungsmöglichkeit, nämlich rückwärts. Dies macht er so lange, bis er mit dem Rücken zur Wand steht.

Die Techniken zum Ablehnen von Forderungen möchte ich an einem Beispiel erläutern. Stellen Sie sich vor, Sie haben keine Lust, joggen zu gehen. Ihr Mann oder Ihre Frau will aber joggen gehen und versucht Sie zu überreden.

Die erste Möglichkeit, der Gefahr zu entgehen, dass die eigenen Argumente widerlegt werden, ist, eine Formulierung zu finden, die eindeutig sagt, was man möchte bzw. nicht möchte. Durch die rein subjektive Begründung „Ich möchte ...“ oder „Ich möchte nicht ...“ vermeidet man jede objektiv-rationale Diskussion.

Regel 2 zum konsequenten Ablehnen von Forderungen

Beginnen Sie jede Ablehnung einer Forderung mit der Formulierung:

- „Ich möchte ...“ oder
- „Ich möchte ... nicht“

Vermeiden Sie dabei objektiv-rationale Begründungen und Argumentationen.

In unserem Fall könnte der Satz lauten: „Ich möchte nicht mit zum Joggen gehen."

Ablehnung mit einem Gefühl begründen

Ist Ihr Gegenüber hartnäckig und will einen Grund wissen, so begründen Sie die Ablehnung nur mit Ihrem eigenen Gefühl. Das hat den Vorteil, dass Sie sich gegen eine argumentative Widerlegung immunisieren. Nur Sie können wissen, wie Sie sich fühlen – man kann Ihr Gefühl nicht sinnvoll hinterfragen und widerlegen. In unserem Fall könnte die Begründung heißen: „Ich möchte nicht mit zum Joggen gehen, weil ich mich sonst darüber ärgern würde, wieder einmal überredet worden zu sein." Überlegen Sie sich einfach, wie Sie sich fühlen würden, wenn Sie das, was Sie eigentlich nicht wollen, trotzdem tun würden. Ihr Gegenüber kann dann nicht mehr sinnvoll gegenargumentieren.

Regel 3 zum konsequenten Ablehnen von Forderungen

Falls Ihr Gesprächspartner Ihre Ablehnung hinterfragt, begründen Sie sie mit einem Gefühl.

Technik der Schallplatte mit Sprung anwenden

Die vierte Technik zum Ablehnen von Forderungen ist die schon bekannte „Schallplatte mit Sprung". Die Ablehnung beschränkt sich dabei auf die o. g. Formulierung („Ich möchte nicht zum Joggen gehen, weil ..."). Sie können dabei mit der Lautstärke, dem Tonfall, der Betonung und nonverbalen Aspekten spielen und Variationen erzeugen, obwohl Sie strikt bei *einer* Formulierung bleiben. Ihr Gegenüber wird versuchen, Sie von Ihrer Formulierung und deren Wiederholung abzubringen, da es sonst keine Möglichkeit sieht, Sie doch noch zu „überzeugen".

Mit der Technik der Schallplatte mit Sprung zeigen Sie Ihrem Gegenüber:

- dass es sinnlos ist, mit Ihnen darüber zu diskutieren,
- dass Sie auf seine Argumente nicht eingehen, sie sogar nicht einmal wahrnehmen,
- dass für Sie nur Ihr Bedürfnis wichtig ist und nicht das Problem des Gegenübers.

Ihr Gegenüber wird nach kurzer Zeit die Motivation verlieren, Sie zu überzeugen. Seine Überredungsversuche könnten zunächst lauten:

Überredungsargumente für das Joggen

- Joggen ist doch gesund.
- Nachher fühlst du dich besser.
- Das letzte Mal hat es dir auch gefallen.
- Ich laufe auch ganz langsam.
- Das Wetter soll morgen schlechter werden.
- Du kannst dir auch die Strecke aussuchen.

Erwidern Sie einfach stereotyp: „Ich möchte nicht joggen gehen, weil ich mich sonst darüber ärgern würde, wieder einmal überredet worden zu sein." Betrachten Sie die ganze Situation wie ein Spiel: Der andere versucht Sie von der Formulierung abzubringen, Sie versuchen genau bei der Formulierung zu bleiben – egal was passiert.

Regel 4 zum konsequenten Ablehnen von Forderungen

Wenden Sie die Technik der Schallplatte mit Sprung an – d. h., wiederholen Sie stereotyp Ihre Ablehnung.

Positive Beziehungsaussage bereithalten

Merkt Ihr Gegenüber, dass Sie mit rationalen Argumenten nicht von Ihrem Bedürfnis abzubringen sind, kommt eventuell die nächste Stufe der Manipulation zum Einsatz: der Appell an die Beziehung. Die Kontertechnik besteht darin, nicht darauf einzusteigen, sondern eine positive Beziehungsaussage zu machen und dann sofort zur Ablehnung zurückzukehren. In unserem Beispiel sagt Ihr Gesprächspartner etwa: „Was soll denn das, wir haben doch unsere Freizeit immer zusammen verbracht!" Darauf können Sie z. B. antworten: „Ich unternehme gern Dinge mit dir zusammen (positive Beziehungsaussage), aber ich möchte nicht joggen, weil ich mich sonst über mich selbst ärgern würde, weil ich mich habe überreden lassen." Legen Sie sich also eine positive Beziehungsaussage zurecht, die Sie einsetzen, wenn Ihr Gegenüber versucht, Sie durch Ansprechen der Beziehungsebene zu manipulieren. Anschließend wiederholen Sie sofort wieder Ihre Ablehnung.

Regel 5 zum konsequenten Ablehnen von Forderungen

Halten Sie eine positive Beziehungsaussage bereit für den Fall, dass Ihr Gegenüber an die Beziehung appelliert.

Hinderliche Einstellungen kennen und verändern

Überlegen Sie sich nun, warum man die vorgestellten Techniken zum Stellen und Ablehnen von Forderungen in der Realität so oft nicht anwendet, was dagegen spricht, sich wie oben beschrieben zu verhalten.

Mit welchen Gedanken könnten Sie sich selbst daran hindern, die beschriebenen Techniken einzusetzen?

Vielleicht haben Sie sich solche oder ähnliche Sätze notiert:

Für selbstsicheres Verhalten hinderliche Leitideen

- Man will nicht als stur und störrisch angesehen werden.
- Ärger muss vermieden werden.
- Man darf nicht gegen die Interessen der Gruppe handeln.
- Man darf nicht auffallen.

- Man muss danach streben, sich zu verbessern. Wenn einem jemand Ratschläge gibt, muss man sie befolgen.
- Man braucht den guten Willen der Menschen, mit denen man zusammenlebt.
- Man darf nicht so egoistisch sein.
- Man darf es sich mit den Mitmenschen nicht verderben.
- Man muss logischen Argumenten folgen.
- Man muss anderen Menschen die Gründe für das eigene Verhalten erklären.
- Es ist einfacher, dem Problem aus dem Weg zu gehen.
- Wenn man in Harmonie zusammenleben will, muss man die Bedürfnisse anderer Menschen erahnen und auf sie reagieren.
- Man muss höflich sein.
- Es gibt Menschen und Institutionen, die wichtiger sind als man selbst.

Eine weitere Stufe der Manipulation besteht darin, solche Überzeugungssätze in uns anzusprechen. Dies ist eine Art der „Meta-Manipulation“, ein Appell an Leitsätze. Leitsätze sind Einstellungen und Überzeugungen, die es einem schwer machen oder gar verhindern, der Manipulation durch andere zu entgehen. Der Manipulierende klagt mit dem Appell an die Leitideen desjenigen, den er manipulieren will, geradezu sein Recht auf Manipulation ein, indem er auf diese Normen verweist und ihre Einhaltung fordert. In unserem Beispiel könnte das geschehen durch Äußerungen wie: „Du redest ja wie ein Papagei“ – „Kannst du keine vernünftige Begründung liefern?“ – „Du denkst neuerdings nur noch an dich“ etc. Natürlich können wir uns auch selbst mithilfe dieser

Überzeugungen daran hindern, Dinge zu tun, die es uns ermöglichen würden, eine langfristige Übereinstimmung zwischen Denken, Fühlen und Handeln herzustellen (vgl. Kapitel 7).

Regel 6 zum konsequenten Ablehnen von Forderungen

Bearbeiten Sie die Einstellungen, die gegen eine eindeutige Ablehnung sprechen.

Zusammenfassung

Zum eindeutigen und konsequenten Ablehnen einer Forderung eignet sich folgendes Schema:

Ich möchte (nicht) ...,

da ich mich sonst ... fühlen würde.

Positive Beziehungsaussage:

....

Wenn Sie Ihre Ablehnung so formulieren und daran festhalten, können Sie jede Forderung, die an Sie gestellt wird, sicher und unangreifbar ablehnen. Die beschriebenen Techniken sind wiederum gute Hilfsmittel, um sich selbst klar zu machen, was man will bzw. nicht will. Gelingt es einem nicht, eine Forderung oder eine Ablehnung eindeutig und präzise in einem, maximal zwei Sätzen zu formulieren, so ist dies ein Zeichen, dass man sich innerlich noch nicht ganz im Klaren darüber ist, was man will. Hat man dagegen eine eindeutige und knappe

Formulierung gefunden und fällt es einem leicht, auch gegen Widerstände dabei zu bleiben, so kann man sich selbst sicher sein, dass man das, was man sagt, auch wirklich so meint (sich selbst sicher sein = Selbstsicherheit). Der andere wird sehr genau wahrnehmen, wie sicher man sich selbst hinsichtlich der an einen gestellten Forderung ist. Denken Sie daran: Das oberste Kriterium ist immer die *langfristige* Deckungsgleichheit von Denken, Fühlen und Handeln!

Kompromisse

Beachten Sie bitte, dass die in diesem Kapitel beschriebenen Techniken nicht stereotyp in jeder Situation zur Anwendung kommen sollten, es ist für Sie jedoch von Vorteil, über dieses Verhaltensrepertoire zu verfügen, um es in Situationen, in denen es erforderlich ist, einsetzen zu können.

Waffengleichheit

Man kann sich nun fragen, was passiert, wenn eine Person eine eindeutige Forderung stellt und dabei bleibt, der Gesprächspartner diese Forderung aber robust ablehnt. In dieser Situation stehen sich die Bedürfnisse der beiden Personen (eventuell unvereinbar) gegenüber, beide Positionen sind eindeutig formuliert. Nun muss ein Kompromiss gesucht werden. Durch die Anwendung der beschriebenen Techniken wird sichergestellt, dass dieser bewusst gesucht wird und beide Partner ihre Standpunkte eindeutig vertreten. Das weitere Vorgehen wird dann nicht dadurch bestimmt, dass einer von beiden manipuliert wurde.

Ob ein Kompromiss nun ein akzeptabler oder ob es ein „fauler" Kompromiss ist, erkennt man wiederum, indem man versucht abzuschätzen, ob man auch *langfristig* der Überzeugung ist, dass der Kompromiss in dieser Form akzeptabel ist. Man muss dabei natürlich aufpassen, dass man nicht jegliche Art von Kompromiss als annehmbar einschätzt, um eine Auseinandersetzung zu vermeiden. Daher sollte man sich immer die Frage stellen: „Kann ich den Kompromiss wirklich akzeptieren oder vermeide ich lediglich die eindeutige Durchsetzung meiner Forderung?"

Das Ziel aller Techniken sollte sein, die 50 Prozent Handlungsspielraum, die einem z. B. in der Zweierkonstellation zur Verfügung stehen, voll zu nutzen und sich nicht mit weniger zufrieden zu geben.

Langfristige Kalküle

Neben dem Durchsetzen bzw. Ablehnen von aktuellen Forderungen hat die Anwendung dieser Techniken noch einen zweiten, für die längerfristige Beziehungsdefinition wichtigen Aspekt. Sie signalisieren damit Ihren Interaktionspartnern, dass sie nicht auf Manipulationsmechanismen reagieren, dass sie es sehr schwer haben werden, Sie zu manipulieren. Sprechen Sie dagegen auf Manipulatio nen an, so zeigen Sie damit den Partnern, dass sie prinzipiell eine Chance haben, Sie zu überreden – es kommt höchstens auf die Intensität ihrer Bemühungen an, die sie aufwenden müssen, bis Sie nachgeben. Der Interaktionspartner „lernt" letztendlich, dass seine Strategien effektiv sind, und wird somit dazu eingeladen, sie auch das nächste Mal wieder einzusetzen.

Betrachten wir das Kalkül einmal aus der Perspektive des Manipulierers: Er versucht seine Ziele durchzusetzen, dabei wird er den Weg des geringsten Widerstands bzw. der größten Erfolgsaussicht gehen. Er wird sich im Zweifelsfall dafür entscheiden, denjenigen zu manipulieren, von dem er weiß, dass er sich mit hoher Wahrscheinlichkeit auch beeinflussen lässt. Er wird bei seinen Manipulationsversuchen dagegen denjenigen meiden, bei dem er weniger Erfolg erwartet. Der Manipulierbare trägt also in einer gewissen Art und Weise auch selbst dazu bei, das Opfer von Manipulationen zu werden, indem er es dem Manipulierenden leicht macht.

Die Methode, um des lieben Friedens willen nachzugeben, hat noch einen anderen Haken. Signalisiert man den Mitmenschen häufig, dass sie hohe Erfolgsaussichten haben, einen zu manipulieren, so werden sie dies in der Regel auch ausnutzen. Das führt dazu, dass die Belastung irgendwann für den Manipulierten zu groß wird und er sich massiv (für den anderen in einem völlig übersteigerten Maß) wehren wird, weil das Fass gewissermaßen zum Überlaufen gebracht wurde. Der Manipulierende wird sich (aus seiner Sicht vollkommen folgerichtig) fragen, warum der Manipulierte plötzlich so „überreagiert". Die Gefahr, dass es zu einem Streit kommt, ist relativ groß. So hat die Strategie, um des lieben Friedens und der Freundschaft willen nachzugeben, am Ende genau das Gegenteil bewirkt.

Kapitel 4:

Abwehr verbaler Angriffe

In diesem Kapitel wird zunächst der Wirkmechanismus verbaler Angriffe verdeutlicht. Dies ist wichtig, um das „Spiel“ des Angreifers zu durchschauen und darauf angemessen reagieren zu können. Anschließend werden acht Techniken vorgestellt, mit denen man verbale Angriffe effizient kontern kann, ohne sich dabei innerhalb der Spielregeln zu bewegen, die der Angreifer definiert.

Prinzip und Wirkung verbaler Angriffe

Im täglichen Leben sind wir selbst sowohl potenzielle Angreifer als auch Angegriffene. Die unten beschriebenen Wirkmechanismen sind wohl den meisten Angreifern nicht bewusst. Wenn man sie fragen würde, wie ein verbaler Angriff funktioniert, könnten die meisten dies wahrscheinlich gar nicht genau in Worte fassen. Trotzdem werden die Angriffstechniken sehr effizient „unbewusst“ eingesetzt – einfach deshalb, weil sie sich als effektiv bewährt haben. Der Mechanismus verbaler An griffe soll mit der folgenden Übung verständlich gemacht werden. Notieren Sie unten, was Sie spontan auf die nachfolgenden Angriffe hin sagen würden.

Beispiele für verbale Angriffe

1. Was redest du da für blödes Zeug?
2. Deine Art, zu argumentieren, ist langweilig.
3. Hast du dir deine Argumente überhaupt überlegt?
4. Du redest das gleiche blöde Zeug wie immer.
5. Mit dir kann man nicht vernünftig reden.

Wie reagieren Sie auf:

1. ______________________________
2. ______________________________
3. ______________________________
4. ______________________________
5. ______________________________

Die spontane Reaktion auf derartig massive Kritik lässt sich in vier Arten unterteilen:

Vier „natürliche" Reaktionsarten auf destruktive Kritik

1. Verteidigung
2. Gegenangriff
3. Ironie
4. Totstellen

Auf die Provokation „Was redest du da für blödes Zeug?“ kann man z. B. antworten: „Ich rede gar kein dummes Zeug. Was ich sage, ist logisch“ (Verteidigung). Oder: „Wenn hier einer dummes Zeug redet, dann bist du das selbst“ (Gegenangriff). Oder: „Natürlich, ich rede immer nur dummes Zeug“ (Ironie). Schließlich kann man die Provokation stumm und ohne Reaktion über sich ergehen lassen (Totstellen).
Im Prinzip gibt es noch eine fünfte Reaktionsart. Man kann in der Situation auch aus dem Felde gehen, indem man einfach physisch verschwindet. Da es sich dabei aber um keine aktive Auseinandersetzung mit der Situation handelt, spielt diese Art der Reaktion für die weiteren Erörterungen keine Rolle.

Übung

Überprüfen Sie Ihre obigen Reaktionen und ordnen Sie sie den vier Reaktionsarten auf Angriffe zu.

Alle vier „natürlichen“ Reaktionsarten auf verbale Angriffe haben den Nachteil, dass der andere sie geschickt weiter für sich ausnutzen kann und der Angegriffene in die Rolle gerät, dem Gegenüber erneut als Stichwortgeber für weitere Provokationen zu dienen. Der Prozess ist im Grunde der gleiche wie beim Begründen und Zerreden von Argumenten (vgl. Abschnitt „Stellen von Forderungen“).

Auf die Aussage hin „Ich rede gar kein dummes Zeug. Was ich sage, ist logisch“ (Verteidigung) hat der Angreifer sofort wieder neue Ansatzpunkte, z. B.: „Aha, wenn du sagst ..., ist das also kein dummes Zeug. Du findest das auch noch logisch – ich wusste ja schon immer, dass logisches Denken nicht gerade deine Stärke ist."

Oder auf die Aussage „Wenn hier einer dummes Zeug redet, dann bist du das selbst" (Gegenangriff) kann der Angreifer etwa antworten: „Jetzt greifst du auch noch grundlos mich an! Du solltest besser an dir selbst arbeiten, als dich um die Fehler anderer Menschen zu kümmern! Du hast selbst genügend Fehler, z. B ..." Und auf die Aussage „Natürlich, ich rede immer dummes Zeug" (Ironie) kann er reagieren mit: „Aha, hast du es selbst schon eingesehen, dass du dummes Zeug redest. Aber es ist ja eines deiner vielen Probleme, dass du deine Fehler nicht verbessern kannst, auch wenn du sie erkannt hast. Ich kann dir noch mehr Beispiele dafür sagen: ..." Reagiert man gar nicht (Totstellen), so gibt man dem anderen zu erkennen, dass man mit dieser Situation überfordert ist, und man lädt ihn damit ein, diese Situation weiter auszunutzen.

An einem Beispieldialog soll der Prozess verdeutlicht werden: Nehmen wir an, ein Angreifer (A) und ein Opfer (O) befinden sich in einem Gespräch miteinander. Der Angreifer hat die Absicht, das Opfer verbal anzugreifen, zu provozieren.

A1: Sie haben sicher schon bemerkt, dass Ihre Jacke verknittert ist.

O1: Nein, das habe ich noch nicht gemerkt.

A2: Haben Sie heute Morgen nicht in den Spiegel gesehen?

O2: Doch, schon.

A3: Da waren Sie wohl noch nicht richtig wach, sonst hätten Sie bemerken müssen, dass Ihre Jacke verknittert ist. Wann sind Sie denn gestern ins Bett gegangen?

O3: Frühzeitig.
A4: Da hätten Sie ja noch Ihre Kleidung sauber herrichten können.
O4: Ich habe aber noch andere Dinge zu tun, als mich um die Kleidung zu kümmern – außerdem ist meine Jacke gar nicht verknittert.
A5: Sie setzen also offensichtlich die falschen Prioritäten in Ihrer Zeitplanung. Außerdem haben Sie kein objektives Empfinden für den Zustand Ihrer Kleidung.
O5: Was wollen Sie überhaupt von mir?
A6: Ich will Ihnen nur ein paar Tipps geben, wie Sie besser in der Öffentlichkeit auftreten können. Aber so ist es eben in der Welt: Wenn man es gut meint, wird man auch noch beschimpft.
O6: Achten Sie doch lieber auf *Ihre* Kleidung, die ist auch nicht besser als meine.
A7: Sie können wohl nicht mit gut gemeinter Kritik umgehen, ohne sofort andere Menschen anzugreifen. Nicht nur, dass Ihre Kleidung verknittert ist und Sie keine Zeitplanung haben – Sie können auch nicht mit Kritik umgehen. Sind alle Menschen in Ihrer Umgebung so wie Sie?
O7: Was gehen Sie die Menschen in meiner Umgebung an?
A8: Sind es so schlimme Menschen, dass man nicht über sie reden sollte?
O8: Ja, ich lebe nur mit Menschen zusammen, die noch schlimmer sind als ich.
A9: Das glaube ich, da fällt es ja nicht so auf, wenn Sie so viele Fehler haben.
O9: Ja, unter den Blinden ist der Einäugige eben König.
A10: Würden Sie sich selbst eigentlich als einen selbstkritischen Menschen bezeichnen?

O10: Ja natürlich.
A11: Das passt doch alles überhaupt nicht zusammen. Sie haben keine Zeitplanung, tragen verknitterte Kleidung, leben mit furchtbaren Menschen zusammen, können nicht mit konstruktiver Kritik umgehen, beschimpfen die Menschen, die Ihnen Hinweise zur Verbesserung geben, und behaupten gleichzeitig, ein selbstkritischer Mensch zu sein.
O11: Warum sollte ich auf Ihre Angriffe überhaupt reagieren?
A12: Sehen Sie, genau das meine ich: Sie sind nicht lernfähig!

Es ist dabei völlig egal, wie die Antwort O1 lautet, ein einigermaßen gewiefter Gegner wird den Angriff bei jeder beliebigen Antwort des Opfers mit Leichtigkeit fortführen können. Würde die Antwort, anders als zuvor dargestellt, „Ja, das habe ich schon bemerkt" lauten so könnte der Angreifer mit der Frage fortfahren: „Wenn Sie es schon bemerkt haben, warum haben Sie dann nichts dagegen getan?"

Würde die Antwort O3 anders ausfallen, nämlich: „Ich bin spät ins Bett gegangen", so könnte der nächste Angriff lauten: „Das habe ich mir gedacht, dass Sie ein unstetes Leben führen." Würde die Antwort O8 heißen: „Die Menschen, mit denen ich zusammenlebe, sind völlig normal", könnte der andere z. B. entgegnen: „Das müssen Sie mir einmal erklären, was für Sie normal ist."

Bei einer Provokation ist der Einstieg oft eine sehr konkrete und meist eher bedeutungslose Kritik. Im Laufe des Gesprächs wird sie jedoch immer diffuser, allgemeiner, abstrakter und schwerer wiegend. Im obigen Beispiel ist man sehr schnell von der verknitterten Jacke ausgehend (konkrete Kritik) bei der Lernfähigkeit (allgemeine, abstrakte Kritik) angelangt. Es geht dem Angreifer ja nicht darum, inhaltlich zu argumentieren, sondern darum, zu provozieren.

In solchen Situationen ist es hilfreich, über eine vorbereitete Reaktionsmöglichkeit zu verfügen, die jenseits von Verteidigung, Gegenangriff, Ironie und Totstellen liegt. Eine solche Strategie bringt erstens den anderen aus dem Konzept und zweitens füttert man ihn nicht mit

Verlauf einer Provokation

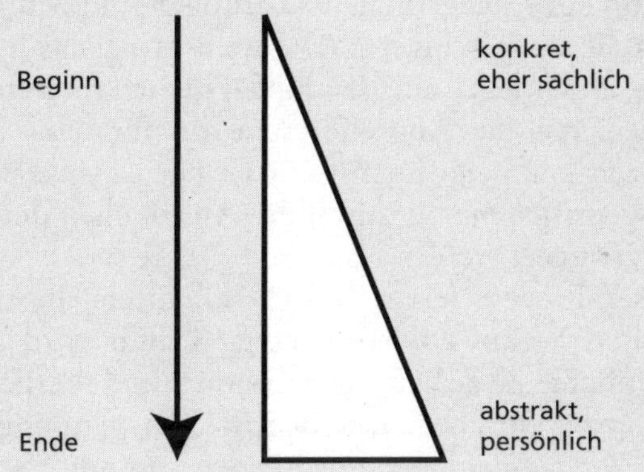

Ansatzpunkten, d. h., er muss sein eigenes Gehirn anstrengen und kann sich nicht der aktiven Mitarbeit bei dem Versuch erfreuen, den Angegriffenen handlungsunfähig zu machen. Es geht daher bei den später beschriebenen Reaktionsmöglichkeiten auf verbale Angriffe darum, für den anderen ungreifbar und unangreifbar zu werden.

Welchen Vorteil haben verbale Angriffe für den Angreifer?

Verbale Angriffe haben verschiedene Wirkungen, die sich der Angreifer zunutze machen kann. Diese gehen in der Regel über den unmittelbaren Effekt des reinen Angriffs hinaus. Der Angreifer erhält als Dreingabe noch ein paar „Nebeneffekte“, die in ihrer Wirkung jedoch umfangreicher sein können als der Haupteffekt.

Die Verhaltenseffektivität des Opfers wird verringert

Der Angreifer hat das Ziel, den emotionalen Anteil der Reaktion des Angegriffenen zu erhöhen und den rationalen Anteil zu verringern. Dadurch wird das entwicklungsgeschichtlich alte Kampf-/Fluchtverhalten angesprochen, das der Angreifer sehr gut für seine Zwecke ausnutzen kann (Hofmann 2001). Die „Denkfähigkeit“ des Angegriffenen soll durch das Ansprechen der Emotionen verringert werden.

Dieser Prozess hat seine physiologische Basis im so genannten Yerkes-Dodson-Gesetz. Damit wird der Zusammenhang zwischen Anspannung und Verhaltenseffektivität beschrieben. Der Begriff „Anspannung“ ist in diesem Zusammenhang gleichbedeutend mit Nervosität, Aufregung, Stress etc. Körperlich wird sie z. B. spürbar in einer Beschleunigung der Herzfrequenz und der Atmung, dem Gefühl von Unruhe, der Erhöhung der Muskelspannung etc. Die Verhaltenseffektivität folgt der Anspannung dabei in Form einer umgekehrten U-Funktion.

Bei einem mittleren Grad der Anspannung ist das Verhalten sehr effektiv. Man ist dann schlagfertig, leistungsfähig und hat Zugriff auf alles Wissen und alle Fähigkeiten, über die man prinzipiell verfügt. Weicht man von diesem Zustand ab und erreicht eine sehr geringe Anspannung (wie z. B., wenn man noch nicht richtig wach ist) oder (was sehr viel häufiger vorkommt) steigt die Spannung an, so wird das Verhalten ineffizienter. Dieser Mechanismus ist wahrscheinlich jedem aus Prüfungen bekannt. Wenn man in der Prüfung zu aufgeregt ist, kann es vorkommen, dass man eine gelernte Antwort nicht reproduzieren kann, obwohl man sie im

Das Yerkes-Dodson-Gesetz

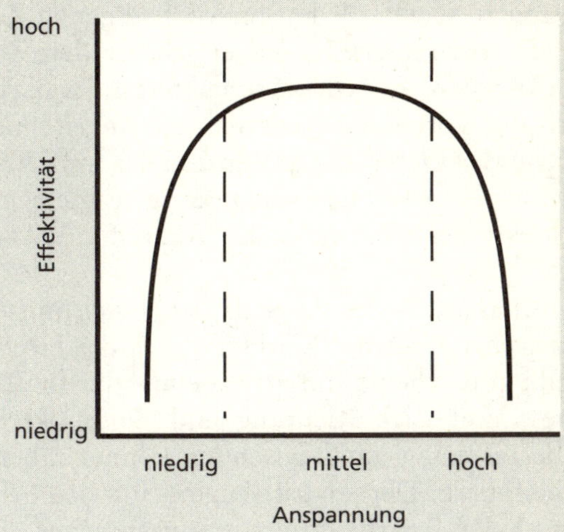

Prinzip kennt. Aufgrund der starken Anspannung hat man jedoch nicht mehr den vollen Zugriff auf das eigene Wissen. Einige Zeit später (nachdem die Anspannung wieder abgesunken ist) fällt einem dann die entsprechende Antwort wieder ein und man fragt sich, warum dics in

der Prüfung nicht der Fall war. Die Erklärung dafür liegt in der Wirksamkeit des Yerkes-Dodson-Gesetzes.
Ähnlich verhält es sich mit Streitgesprächen. Da diese in der Regel emotional belastend sind, steigt die Anspannung und somit sinkt die Verhaltenseffektivität in dieser Situation. Die besten Argumente fallen einem dann wiederum erst nach dem Streitgespräch ein. Man wird durch die gestiegene Anspannung in der mentalen Leistung gehemmt.

Der Angreifer erscheint dann doppelt schlagfertig, wenn er es geschafft hat, bei seinem Opfer die Abwärtsspirale in Gang zu setzen. Er hat im Vorfeld genug Zeit, seinen Angriff vorzubereiten, und er steuert den Zeitpunkt des Angriffs. Er wirkt schlagfertig, weil der Angegriffene die Vorbereitungen für den Angriff nicht bemerkt. Wenn das Opfer dann aufgrund der umgekehrten U-Funktion selbst weniger schlagfertig reagiert, entsteht noch mehr der Eindruck, der Angreifer sei sehr schlagfertig.

Dieser Mechanismus des Angriffs deckt sich mit der Logik militärischer Angriffe. Ein Handbuch der Heerestaktik schreibt zum Thema Initiative beim Angriff: „Der Angreifer bestimmt Ziel, Richtung und Zeitpunkt des Angriffs. Überraschung und Täuschung können Überlegenheit herbeiführen. Der Angriffsbeginn soll den Feind überraschen. Jeder Angriffserfolg ist auszunutzen, um den Feind vollends zu schlagen."

Definition von Macht

Mit einem Angriff lässt sich Macht demonstrieren. Dadurch, dass der Angreifer das Handeln bestimmt und das Opfer eher passiv bleiben muss, definiert er die Beziehung zwischen beiden als asymmetrisch. Weil das Opfer spürt, dass es – egal wie es reagiert – keine Chancen gegen den Angreifer hat, erlebt es Hilflosigkeit, die der Angreifer natürlich sofort ausnutzen kann und die ihm sein Spiel sehr erleichtert. Das Opfer wird dadurch noch mehr verunsichert und die Wahrscheinlichkeit, dass es schlagfertig reagieren kann, wird immer geringer. Der Angreifer hat dann die Position des Mächtigen, das Opfer die Position des Untergeordneten. Macht kann auch bedeuten, dass man den Selbstwert des anderen vermindert. Das erreicht man z. B., indem man den anderen mundtot macht (Totstellen).

Hilflosigkeit beim Opfer erzeugen

Ein sehr effizientes Manipulationsmittel ist es, das Opfer Hilflosigkeit erleben zu lassen. Aus der Stressforschung ist bekannt, dass es für das Entstehen einer Stressreaktion von zentraler Bedeutung ist, wie man die eigenen Reaktionsmöglichkeiten auf die Stresssituation einschätzt. Dabei sind es nicht so sehr die objektiven situativen Gegebenheiten, die Stress erzeugen, sondern vielmehr die Einschätzung der eigenen Möglichkeiten, wirksam auf die Situation eingehen zu können (Hofmann 2001). Wenn ein Opfer wie z. B. bei dem oben dargestellten Angriff erlebt, dass es keine Reaktionsmöglichkeit hat, um dem Angreifer zu entkommen (was so lange der Fall ist, wie das Opfer die vier „natürlichen" Reaktionen zeigt), wird genau diese Stresssituation erzeugt.

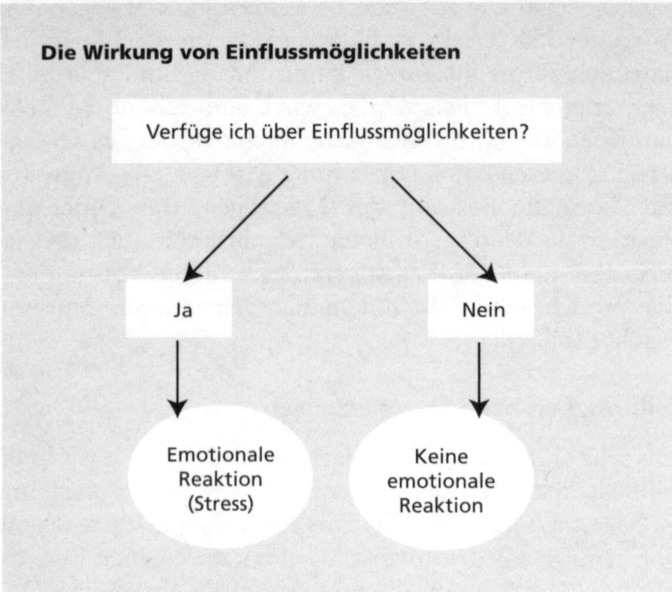

Instrumentelle Funktion: Erleichterung der Durchsetzung eigener Interessen

Wenn in Konfliktsituationen gar nichts mehr hilft, um das Gegenüber argumentativ aus der Bahn zu werfen, soll massive (destruktive) Kritik den Angreifer ans Ziel bringen. Sie wird immer dann gern benutzt, wenn man merkt, dass man auf argumentativem Wege oder mit anderen Manipulationsmethoden (vgl. Kapitel 1) nicht mehr weiterkommt. Sie ist damit eine Art „letztes Mittel" zur Beeinflussung. Destruktive Kritik soll den Kritisierten handlungsunfähig machen, indem man durch sie die Anspannung bei dem Kritisierten erhöht und so nach dem Yerkes-Dodson-Gesetz Verhaltenseffektivität und Schlagfertigkeit des Opfers verringert.

Wenn ihm die sachlichen Argumente ausgehen, muss sich ein Angreifer andere Dinge einfallen lassen, um sich doch noch durchzusetzen. Dazu bietet sich ein unsachlicher, persönlicher Angriff geradezu an. Er startet dazu meist zuerst einen kleinen Versuch und wartet ab, wie der andere reagiert. Indem man auf solche Versuche reagiert, gibt man dem Angreifer zu erkennen, dass seine Taktik funktioniert, und man lädt ihn dazu ein, sie weiter anzuwenden.

Der Angegriffene hat nun zwei Aufgaben: Er muss sachlich argumentieren und sich zusätzlich noch emotional mit dem Angriff beschäftigen. Aufgrund der Tatsache, dass wir auf Angriffe reflexhaft mit der Kampf-/Fluchtreaktion reagieren – bei der sich automatisch die Wahrnehmung fast ausschließlich auf alles konzentriert, was mit dem Angriff zu tun hat, und für andere Dinge keine oder nur sehr wenig geistige Kapazität zur Verfügung steht –, fällt es dem Angegriffenen meist schwer, sachlich weiterzuargumentieren. Genau dies bezweckt der Angreifer natürlich. Er benutzt somit den persönlichen Angriff als einen Weg, um Teile der geistigen Kapazität des Angegriffenen zu steuern. Sobald dies der Fall ist, hat der Angreifer ein gewisses Maß an Macht über die Person des Opfers, die sich nun in der Defensive befindet. Was den Angegriffenen schließlich noch mehr in die Enge treibt, sind Sätze wie: „Warum regen Sie sich denn so auf?", „Lassen Sie uns doch einfach sachlich diskutieren" etc.

Die eben beschriebenen Mechanismen brauchen dem Angreifer – wie gesagt – nicht bewusst zu sein, damit er sie anwenden kann. Es reicht völlig aus, dass er durch seine Erfahrung intuitiv weiß, dass und wie diese Manipulationsmechanismen funktionieren. Die Effizienz der Provokation steigt dabei mit mehreren Faktoren:

1. Mit der Macht des Angreifers.
2. Mit der Geschicklichkeit und Erfahrung des Angreifers.
3. Mit dem Ausmaß, in dem der Angreifer weiß, welche „Knöpfe“ er bei dem Angegriffenen betätigen muss. Oftmals reichen ein oder zwei Reizwörter vollkommen aus, um die gewünschte Reaktion beim Opfer auszulösen. In langjährigen Beziehungen weiß man meist sehr genau, welche Reizwörter beim anderen „funktionieren“.
4. Mit dem Umfang, in dem das Opfer dem Angreifer zeigt, dass seine Techniken tatsächlich Wirkung zeigen, was diesen dazu veranlasst, sie weiterhin einzusetzen.

Kontertechniken

Die Wahrscheinlichkeit, in einer Situation, in der man verbal angegriffen wird, schlagfertig antworten zu können, ist gering. Der Angreifer ist in der Regel dadurch, dass er den Zeitpunkt und den Inhalt des Angriffs bestimmt, im Vorteil. Daher ist es sinnvoll, in der jeweiligen Situation keine kreative Lösung zu suchen, sondern auf einfache Standardtechniken zurückzugreifen, die man dann jeweils nur noch minimal situativ anpassen muss. Nachfolgend werden einige solcher Techniken beschrieben.
Allen Kontertechniken ist dabei gemeinsam, dass man mit ihrer Hilfe genau das, was der Angreifer erwartet, *nicht* tut. Alle vorgestellten Techniken sind daher Reaktionen jenseits von Verteidigung, Gegenangriff, Totstellen und Ironie.

Kontertechniken sind Reaktionen jenseits von Verteidigung, Gegenangriff, Ironie und Totstellen

Ein An-*griff* hat zum Ziel, das Opfer „greifbar“ zu machen. Dem entgegen wirken die Vernebelungstechniken. Sie besitzen ähnliche Eigenschaften wie der Nebel und sind bei der Abwehr verbaler Attacken sehr hilfreich.

Eigenschaften einer Nebelwand

- Großes Beharrungsvermögen
- Undurchsichtig
- Bietet keinen Widerstand
- Wehrt sich nicht
- Hat keine harten Flächen
- Ein Geschoss prallt nicht ab
- Bleibt bei Durchdringungen unbeeinflusst

Die Taktik der Vernebelung verhält sich komplementär zur Manipulation. Bei Letzterer lässt man das Opfer über die eigenen *Ziele* im Unklaren. Bei der Vernebelung lässt man den Angreifer über die eigene *Reaktion* im Unklaren.

Entleeren

Eine erste sehr einfache Kontertechnik stellt das so genannte Entleeren dar. Derjenige, der destruktiv kritisiert, erwartet, dass sich der andere angegriffen fühlt und in die Verteidigungsposition begibt. Mithilfe der Methode des Entleerens tut der Kritisierte genau das *nicht*. Er fragt stattdessen den Angreifer, ob es noch andere Dinge gibt, die er an ihm kritisiert. Dies wird so weit fortgesetzt, bis der Kritisierende keine neuen Kritikpunkte mehr hat. Er wird also dazu gezwungen, selbst aktiv zu sein, da er über weitere zu kritisierende Aspekte nachdenken muss. Fallen ihm keine weiteren ein, so gibt er zu, dass der andere nur ein einziges zu kritisierendes Verhalten an den Tag legt. Will der Angreifer, dass ihm weitere Kritikpunkte einfallen, muss er zunächst sein eigenes Gehirn anstrengen. Der Kritisierte kann sich dann diejenige Verhaltensweise heraussuchen, auf die er zunächst näher eingehen möchte, und hat somit wieder mehrere Handlungsmöglichkeiten zur Verfügung. Der Angreifer wird auch sehr schnell erkennen, dass er die Gesprächsführung verliert.

Wirkungen des Entleerens

- Der Kritisierende muss aktiv werden.
- Der Kritisierte spielt das Spiel des Kritisierenden nicht mit.
- Der Kritisierende wird dazu gezwungen, selbst nachzudenken.

Beispiel

Angriff: Ihre Kleidung ist ja verknittert!
Reaktion: Welche Fehler sehen Sie sonst noch bei mir?
Angriff: Die Redensarten, die Sie verwenden.
Reaktion: Welche Fehler sehen Sie sonst noch bei mir?
Angriff: Was reden Sie da für dummes Zeug?
Reaktion: Welche Fehler sehen Sie sonst noch bei mir?

Relativierung

Die Relativierungstechnik ist ebenfalls eine Methode, um nicht wie vom Angreifer erwartet auf seine Provokationen zu reagieren. Der Angreifer wird dadurch aus dem Konzept gebracht. Die Relativierungstechnik besteht darin, dass der provokativen Aussage im Prinzip *zugestimmt* wird. Wichtig dabei ist, dass man eine Formulierung findet, der man selbst voll zustimmen kann, sonst wäre man nicht authentisch oder würde doch mit Ironie reagieren. Der Trick dabei ist, dass man natürlich der pauschalen Provokation *nicht*, sondern dem erhobenen Vorwurf in einer *relativierenden* Weise zustimmt. Die Relativierung muss dabei so weit gehen, dass man die Zustimmung mit ganzem Herzen unterschreiben kann, ohne sich selbst zuwiderzuhandeln, was wiederum am eigenen Selbstwert kratzen würde.

Möglichkeiten der Relativierung

- Zeit
- Personen
- Situationen

Auf die Provokation „Was redest du da für blödes Zeug?“ kann man z. B. zustimmend relativieren: „Das stimmt, ich habe schon einmal blödes Zeug geredet“ (Relativierung in Bezug auf die Zeit) oder: „Das stimmt, manche Personen können in meiner Argumentation keinen Sinn erkennen“ (Relativierung in Bezug auf Personen) oder: „Das stimmt, manchmal rede ich blödes Zeug“ (Relativierung in Bezug auf Situationen). Wichtig dabei ist, dass die Aussagen in der Relativierung wahr sind. Die Aussage „Ich habe schon einmal blödes Zeug geredet“ ist sicherlich immer richtig, da jeder Mensch wahrscheinlich schon einmal irgendwann zu irgendeinem Thema blödes Zeug geredet hat. Genauso richtig ist die Aussage „Manche Personen können in meiner Argumentation keinen Sinn erkennen“. Es gibt sicher irgendwo Kleinkinder, Fremdsprachige, Begriffsstutzige etc., die der Argumentation nicht folgen können. Die Aussage „Manchmal rede ich blödes Zeug“ ist sicherlich auch richtig, da es wahrscheinlich niemanden auf der Welt gibt, der noch nie Blödsinn geredet hat.

Die Relativierungstechnik ist die „Nachhilfe“, die dem Angreifer implizit mitteilt, dass die Verallgemeinerung des kritisierten Verhaltens nicht richtig ist. Dies wird aber nicht offen ausgesprochen, sondern der destruktiv Kritisierende kann und wird es sich selbst denken.

Die prinzipielle Zustimmung sollte so weit relativiert werden, dass man nicht gezwungen ist, mit Angriff, Verteidigung, Totstellen oder Ironie zu reagieren. Besonders schwierig ist es hierbei, nicht in Ironie abzugleiten und dadurch unglaubwürdig zu werden. Die Zustimmung erfolgt auf einem so allgemeinen Niveau, dass man selbst durch sie nicht getroffen wird. Wie weit die Relativierung in konkreten Fällen gehen muss, kann man nicht pauschal beantworten. Das Kriterium ist dabei immer, dass der eigene Selbstwert nicht bedroht wird. Hier gibt es natürlich individuelle Unterschiede.

Wirkung der Relativierung

- Die Relativierung stellt eine Reaktionsmöglichkeit jenseits von Verteidigung, Gegenangriff, Ironie und Totstellen dar und bringt so evtl. zusätzlich den Kritisierenden aus dem Konzept.
- Man zeigt dem Kritisierenden, dass die Verallgemeinerung des Verhaltens falsch ist (siehe dazu auch Regel 1 für die Formulierung konstruktiver Kritik im Kapitel 5).

Beispiel

In einem *Spiegel*-Interview richtet ein Reporter an Gerhard Schröder die Frage: „Herr Schröder, haben sich Ihre Probleme mit der Partei in Luft aufgelöst?" Diese ist ein typisches Beispiel dafür, wie man einen versteckten Angriff in eine Frage packen kann. Der eigentliche Angriff, der dahinter steht, könnte z. B. lauten: „Herr Schröder, Ihre Partei steht ja gar nicht hinter Ihnen."

Gerhard Schröder antwortete auf diese Frage: „Ich führe die SPD in Niedersachsen seit 1986. Wir hatten mal 36 Prozent, jetzt haben wir fast 48. (...) Natürlich gibt es die eine oder andere Position, die abweicht (...)" (*Spiegel* 11/1998). Dabei relativiert er einerseits das Verhältnis zur Gesamt-SPD auf das zur Landes-SPD in Niedersachsen, andererseits relativiert er die Differenzen mit der Partei auf „die eine oder andere Position". Jeder wird wahrscheinlich zustimmen, dass es in einer Partei mit hunderttausenden Mitgliedern verschiedene Positionen gibt.

Beispiel

Angriff: Ihre Kleidung ist ja verknittert!
Reaktion: Es mag schon Kleidungsstücke bei mir geben, die nicht immer frisch gebügelt sind.

Übung

Reagieren Sie auf die folgenden verbalen Angriffe. Tun Sie das, indem Sie der Aussage in einer nach Zeit, Personen oder Situationen relativierten Weise prinzipiell zustimmen und dabei nicht mit Verteidigung, Gegenangriff, Ironie oder Totstellen reagieren. Beispiellösungen finden sich am Ende dieses Kapitels.

Angriff: Deine Art, zu argumentieren, ist langweilig!
Ihre Reaktion:

Angriff: Hast du dir deine Argumente überhaupt überlegt?
Ihre Reaktion:

Angriff: Du redest das gleiche blöde Zeug wie immer!
Ihre Reaktion:

Nachfragen

Der Effekt der Nachfrage besteht darin, dass der Angreifer sein Gehirn benutzen muss – er gerät damit in die Defensive und man tut ihm nicht den Gefallen, ihn mit Ansatzpunkten für weitere Attacken zu „füttern“. Er gerät so meist schnell in Erklärungsnot, da er die in der Regel sehr pauschalen Vorwürfe präzisieren muss. Kann er dies nicht, demonstriert er selbst die Unsinnigkeit seiner Vorwürfe. Kann er sie präzisieren, so kann man darüber reden.

Die Kontertechnik der Nachfrage ist sehr gut dazu geeignet, den anderen aus seinem (destruktiven) Konzept zu bringen. Auf die Provokation hin: „Was redet du da für blödes Zeug?“ kann man z. B. nachfragen: „Was genau findest du blöd?“. Auf die Aussage „Deine Art, zu argumentieren, ist langweilig“ reagiert man z. B. mit: „Was genau ist langweilig an meiner Art, zu argumentieren?“. Fällt dem Angreifer auf die Nachfrage hin nichts Vernünftiges ein, so gibt er zu, dass die Aussage gar nicht ernst gemeint sein kann. Das bringt ihn aus seinem Konzept und zwingt ihn zum Ausstieg aus dem Spiel, das er gern spielen würde. Der Überraschungseffekt wirkt – insbesondere bei jahrelang eingespieltem Streitverhalten – manchmal Wunder.

Darüber hinaus kann man den destruktiv Kritisierenden mit der Nachfrage-Methode so weit bringen, dass er die Kritik konstruktiv formulieren muss, und zwar, indem man das kritisierte Verhalten und die Wirkung dieses Verhaltens auf den Kritisierenden genau hinterfragt. Man leitet dabei den Provokateur dazu an, eine konstruktive Kritik analog dem Schema (vgl. Abschnitt „Formulierung konstruktiver Kritik“) zu formulieren.

Gelingt es, dass der Angreifer die destruktive Kritik in dieser Art und Weise umformuliert, so kann man sie eventuell konstruktiv nutzen. Kann er seine Kritik nicht in einer konstruktiven Art und Weise formulieren, gibt er damit zu, dass sie destruktiv und nutzlos ist. Das Nachfragen fungiert dabei wiederum als eine Art „Nachhilfe" für den Kritisierenden, um seine Kritik konstruktiv zu formulieren. Er muss auf jeden Fall sein Gehirn anstrengen und darf nicht darauf hoffen, dass der Angegriffene sofort in die Defensive geht.

Wirkung des Nachfragens

Der Kritisierende muss sein Gehirn anstrengen und kann sich nicht darauf verlassen, dass der Kritisierte ihn mit weiteren Ansatzpunkten zu destruktiver Kritik „füttert".
Weigert sich der Angreifer, seine Kritik zu präzisieren, so gesteht er damit ein, dass sie nur destruktive Funktion hat.

Beispiel

Angriff: Ihre Kleidung ist ja verknittert!
Reaktion: Wo genau ist etwas verknittert?

Relativierung, Nachfragen und Entleeren delegieren die geistige Arbeit an den Kritisierenden zurück. Sie stellen weiterhin den Versuch dar, die destruktive in konstruktive Kritik zu verwandeln. Der Kritisierte nimmt gewissermaßen die Rolle des Beraters ein, der dem Angreifer behilflich ist, seine Kritik vernünftig zu formulieren. Entspricht sie dann immer noch nicht den Kriterien konstruktiver Kritik, so ist es sinnvoll, weiter nachzufragen.

Hörfehler

Durch das Stellen einer Gegenfrage mithilfe der Hörfehlermethode wird der Angreifer – wie bei allen beschriebenen Techniken – zunächst einmal überrascht und aus seinem Konzept gebracht. Zusätzlich muss er wieder selbst sein Gehirn anstrengen, worauf er in der Regel überhaupt nicht eingestellt ist, da er auf die emotionale Reaktion des Opfers hofft. Nun sind plötzlich Schlagfertigkeit und Kreativität seitens des Kritisierenden gefordert, und nicht mehr nur seitens des Angegriffenen – der Spieß wird mit der Technik der Gegenfrage umgedreht. Man macht sich dabei den Grundsatz „Wer fragt, führt" zunutze. Bei einem verbalen Angriff übernimmt der Angreifer die Führung, er bestimmt die Richtung des Gesprächs. Der Angegriffene dagegen bekommt die passive Rolle zugewiesen. Die Gegenfrage ist eine Möglichkeit für das Opfer, aus der passiven Rolle herauszukommen und das Gespräch wieder aktiv zu gestalten.

Bei der Hörfehlermethode wird einfach so getan, als habe man das vom Angreifer Gesagte akustisch nicht verstanden, und man fordert den anderen auf, es noch einmal zu wiederholen. In der Regel passiert dabei Folgendes: Der Angreifer wiederholt seine Aussage in einer etwas anderen Art und Weise, er wird sie näher erklären, umformulieren etc. Der Angegriffene hat nun Zeit gewonnen und kann auf den geänderten Angriff reagieren. Probieren Sie diese Technik in verschiedenen natürlichen Situationen aus, tun Sie ganz einfach so, als hätten Sie das Gesagte nicht verstanden. Sie werden sehen, dass so gut wie nie die erste Aussage einfach wortwörtlich wiederholt wird.

Wirkung der Hörfehlermethode

- Der Angreifer wiederholt in der Regel seinen Angriff nie inhaltlich genau identisch – der Angegriffene hat nun die Wahl, auf welche Formulierung er eingeht.
- Der Angegriffene gewinnt Zeit.
- Der Angreifer muss nachdenken.

Praktisch kann die Gegenfrage nach der Hörfehlermethode z. B. mit folgenden Formulierungen erfolgen:

Konkrete Formulierungen zur Hörfehlermethode

- Könnten Sie das bitte noch einmal wiederholen?
- Ich habe Sie akustisch nicht verstanden.
- Mir ging gerade etwas anderes durch den Kopf – können Sie das noch einmal wiederholen?
- Es ist so laut hier, ich habe die Frage nicht genau verstanden.

Unpassendes Sprichwort

Bei dieser Strategie wird auf den jeweiligen Angriff mit einem Sprichwort geantwortet. Wichtig dabei ist, dass dieses Sprichwort in keinerlei Zusammenhang mit dem Angriff steht (es wäre ja ungeheuer schwierig, ständig ein auf jeden Angriff passendes Sprichwort parat zu haben). Hier kommt es darauf an, gerade ein möglichst *unpassendes* Sprichwort als Reaktion auf den Angriff zu verwenden – eigentlich eine klassische Fehlleistung, bei der man aber gar nichts falsch machen kann, wenn man sie als gezielte Technik einsetzt. Sogar ein falsch zitiertes unpassendes Sprichwort kann die Funktion erfüllen.

Bei dieser Technik macht man sich die Eigenschaft des Gehirns zunutze, aktiv einen Sinn in den Regungen unserer Umwelt zu suchen und diesen sogar notfalls selbst zu konstruieren. Unsere Wahrnehmung versucht ständig die Dinge in der Außenwelt zu analysieren, zu interpretieren, in ihnen Regel- und Sinnhaftigkeiten zu erkennen. Genau dieser Mechanismus wird beim Angreifer aktiviert, wenn man auf seine Aussage mit einem unpassenden Sprichwort, Zitat oder Aphorismus antwortet. Sprichwörter eignen sich besonders dazu, den Prozess der Sinnsuche auszulösen, da sie ja „Sinn“-sprüche darstellen. Der Angreifer ist erstens verwirrt, weil seine Taktik (den Angegriffenen zu provozieren) nicht aufgegangen ist, zweitens ist sein Gehirn in der Folge damit beschäftigt, in der (objektiv unsinnigen) verbalen Reaktion des Opfers einen Sinn zu suchen. Diese reflexhafte Sinnsuche bindet nun seine Aufmerksamkeit und macht es ihm dadurch schwerer, selbst schlagfertig zu reagieren.

Fragt der Angreifer nach, was mit dem Sprichwort gemeint sei, gibt er damit zu erkennen, dass er den Sinn nicht verstanden hat. Diese Tatsache kann man sich zunutze machen, indem man z. B. antwortet: „Ich habe auch lange gebraucht, um das zu verstehen“, „Für manche Menschen ist es schwierig, Sinnhaftigkeiten zu erkennen“, „Das Verständnis braucht manchmal Zeit“ etc. Der Verwendung dieser Technik steht evtl. die Leitidee „Man muss immer nach den Regeln der Logik und der Vernunft antworten und argumentieren“ entgegen. Ist dies der Fall, so kann man diese Leitidee nach dem Verfahren (vgl. Kapitel 7) bearbeiten.

Beispiele für Sprichwörter

- Wo Rauch ist, ist auch Feuer.
- Was lange währt, wird endlich gut.
- Der Krug geht so lange zum Brunnen, bis er bricht.
- Ein Unglück kommt selten allein.
- Gleich und gleich gesellt sich gern.
- So dunkel ist keine Nacht, dass Gott nicht drüber wacht.
- Leere Tonnen geben Schall.
- Kein Korn ohne Spreu.
- Kein Gewand kleidet schöner als Demut.
- Gesundheit ist die Tochter der Arbeit.
- Die ersten Gedanken sind die besten.
- Das Glück hilft denen, die sich nicht selbst helfen.
- Das Glück ist kleinlich, das Unglück nicht.
- Auf Erden lebt kein Menschenkind, an dem man keinen Mangel find'.
- Je mehr der Geizige hat, desto weniger wird er satt.
- Man muss das Eisen schmieden, solange es heiß ist.
- Viele Federn machen ein Bett.
- Viele streiten um das Ei und lassen die Henne liegen.
- Wenn die Birne reif ist, fällt sie ab.
- Wenn einer weise ist, sind zwei glücklich.
- Wer gut gesattelt hat, reist gut.
- Lieber einen Freund verlieren als einen Witz.
- Noch ist nicht aller Tage Abend.
- Wie der Herr, so's Gscherr.
- Einem geschenkten Gaul schaut man nicht ins Maul.
- Neue Besen kehren gut.
- Hunger ist der beste Koch.
- Blinder Eifer schadet nur.
- Arbeit macht das Leben süß.
- Geld verdirbt den Charakter.
- Heiraten heißt, seine Rechte halbieren.

- Talent ist oft ein Charakterdefekt.
- Wer zu spät kommt, den bestraft das Leben.
- In der Nacht sind alle Katzen grau.
- Wer hat, der hat.
- Man soll das Kind nicht mit dem Bade ausschütten.
- Die Axt im Haus erspart den Zimmermann.
- Besser ein Spatz in der Hand als eine Taube auf dem Dach.
- Ende gut, alles gut.
- Ehrlich währt am längsten.
- In der Ruhe liegt die Kraft.
- In der Kürze liegt die Würze.
- So wie man isst, arbeitet man.
- Willst du die Frau versteh'n, musst du die Mutter seh'n.
- Man soll den Tag nicht vor dem Abend loben.
- Ohne Fleiß kein Preis.
- Es ist nicht alles Gold, was glänzt.
- Wer anderen eine Grube gräbt, fällt selbst hinein.
- Hunde, die bellen, beißen nicht.
- Wenn zwei sich streiten, freut sich der Dritte.
- Reden ist Silber, Schweigen ist Gold.
- Morgenstund hat Gold im Mund.
- Dem Glücklichen schlägt keine Stunde.
- Die dümmsten Bauern ernten die größten Kartoffeln.
- Was Hänschen nicht lernt, lernt Hans nimmermehr.
- Am Abend wird der Faule fleißig.
- Was du heute kannst besorgen, das verschiebe nicht auf morgen.
- Der Apfel fällt nicht weit vom Stamm.
- Wer wagt, gewinnt.
- Spinne am Morgen bringt Kummer und Sorgen.
- Die Letzten werden die Ersten sein.
- Den Letzten beißen die Hunde.
- Gut Ding will Weile haben.
- Viele Köche verderben den Brei.

- Kleider machen Leute.
- Ein Mal ist kein Mal.
- Keiner kann durch die Nase des anderen atmen.
- Wind aus Süd macht Fische müd'.
- Salz und Brot macht Wangen rot.
- Der Abend weiß mehr als der Morgen.
- Die Kunst des Ausruhens ist auch die Kunst des Arbeitens.
- Wenn der Bauer nicht schwimmen kann, liegt es an der Badehose.
- Nur ein Künstler kann den Sinn des Lebens erraten.
- Alles Große besteht aus Kleinem.
- Ein guter Satz hat viele Fenster.
- Der Beweis fügt der Wahrheit nichts hinzu.
- Wer viel einteilt, teilt wenig aus.
- Je näher wir dem Spiegel treten, desto mehr trüben wir ihn mit unserem Atem.
- Man muss eine Sache gefunden haben, wenn man wissen will, wo sie liegt.
- Wir mögen die Welt kennen lernen, wie wir wollen, sie wird immer eine Tag- und eine Nachtseite haben.
- Man wird nie betrogen, man betrügt sich selbst.
- Mancher betrachtet Gemälde am liebsten mit verschlossenen Augen, damit die Fantasie nicht getrübt wird.
- Menschsein ist eine humoristische Rolle.
- Der Leichtsinn ist ein Schwimmgürtel für den Fluss des Lebens.
- Das Leben erscheint nur dem kurz, der lange gelebt hat.
- Man kann erst steuern, wenn man Fahrt hat.

An dieser Stelle sei noch einmal darauf verwiesen, dass diese Konterstrategie darin besteht, ein *unpassendes* Sprichwort zu verwenden – versuchen Sie also nicht, das Sprichwort zu finden, das sehr gut auf den Angriff passt.

Sie können zum Beispiel auch immer mit dem gleichen Standardsprichwort kontern. Den Angriff „Sie kommen wie immer zu spät“ mit dem Sprichwort „Lieber spät als nie“ zu kontern, wäre ungünstig, da man sich damit eher verteidigt und in Gefahr geraten könnte, auf den Köder des Angreifers zu reagieren. Besser wäre es, z. B. mit dem Sprichwort „Viele Federn machen ein Bett“ zu reagieren.

Wirkung des unpassenden Sprichworts

- Der Angreifer wird verwirrt, seine „Interpretationsmaschine“ Gehirn muss arbeiten und den (scheinbaren) Sinn der Worte suchen.
- Die Aufmerksamkeit des Angreifers wird nun durch den Angegriffenen gesteuert.

Wenn man sicher ist, dass der Angreifer kein Latein versteht, hat man zusätzlich die Möglichkeit, ein lateinisches Zitat anstelle eines unpassenden Sprichworts zu verwenden. Der Angreifer wird dann relativ schnell „mit seinem Latein“ am Ende sein.

Übrigens: Man kann sich ein Stück weit aus der Verantwortung für die Sinnhaftigkeit eines Sprichworts stehlen, indem man andere Menschen zitiert, die es verwenden. Dazu kann man das Zitat einleiten mit Formulierungen wie:

- Wo ich herkomme, hat man immer gesagt ...
- Mein Freund Helmut sagt immer: ...
- In dieser Situation hat ... einmal gesagt: ...

Eine weitere Variante des unpassenden Sprichworts ist die Verwendung von objektiv nicht sinnhaften Sprichwörtern, wie sie z. B. Leslie Nielsen in seinen Filmen oft verwendet. Beispiel: „Geschwisterliebe ist wie fallendes Herbstlaub.“ Im Film wie auch in der Realität erzeugen solche Zitate starke Verwunderung.

Zum Abschluss sollen noch einmal die prinzipiell möglichen Reaktionen des Angreifers auf ein unpassendes Sprichwort dargestellt werden.

Mögliche Reaktionen des Angreifers auf ein umpassendes Sprichwort

1. Er wird auf jeden Fall erst einmal verwundert sein. Diese Tatsache wird es ihm zumindest kurzfristig erschweren, sofort einen neuen Angriff zu starten.
2. Er kann so tun, als ob er den Sinn des unpassenden Sprichworts verstanden hätte. Ist dies der Fall, so gehen Sie auf jeden Fall davon aus, dass er momentan völlig verwirrt ist, da ja objektiv kein Sinn existiert.
3. Er erkennt den Sinn nicht, fragt aber auch nicht nach. Damit ist dann die Sequenz unterbrochen, der Angreifer kann an nichts anknüpfen und muss sich evtl. etwas Neues ausdenken, um seine Provokation fortzuführen.
4. Er fragt nach dem Sinn des (unpassenden) Sprichworts in diesem Zusammenhang. Damit gibt er zu, dass er den Sinn nicht versteht. Dieses Outing kann man sehr gut benutzen, um die Verwirrung noch zu steigern, mit Sätzen wie:
   - Manchmal ist es schwer, den Sinn zu erkennen.
   - Als ich das Sprichwort zum ersten Mal gehört habe, habe ich es auch nicht verstanden.
   - Der Sinn von Lebensweisheiten offenbart sich manchmal erst, wenn man intensiv darüber nachdenkt.
   - Nicht jedem fällt es leicht, Analogien herzustellen.

Kurzer, irrelevanter Kommentar

Eine weitere Methode, um einem Angriff zu begegnen, besteht darin, nur mit einem ganz kurzen Kommentar zu reagieren. Dieser kann eine vorbereitete Standardfloskel sein, die keinerlei Bezug zu dem Angriff haben sollte.

Beispiele für Standardfloskeln

- Ach was!
- Oh!
- Ach so.
- Oha!
- Aha.
- Mhm.
- Wirklich?
- Tatsächlich?

Wichtig dabei ist, dass es bei dem kurzen irrelevanten Kommentar bleibt – darüber hinaus erfolgt keine Reaktion des Angegriffenen.

Wirkung des irrelevanten Kommentars

Es erfolgt eine Reaktion, die eigentlich keine (sinnvolle) ist. Der Angreifer läuft ins Leere.

Beispiel

Angriff: Ihre Kleidung ist ja verknittert!
Reaktion: Aha.

Sachliche Feststellung

Diese Strategie beruht auf einem systematischen Einsatz der verschiedenen Aspekte der Kommunikation, wie sie in Kapitel 2 dargestellt wurden. Jede verbale Äußerung enthält demnach vier Aspekte:

1. Sachaspekt
2. Appellaspekt
3. Beziehungsaspekt
4. Selbstoffenbarungsaspekt

Der Angreifer formuliert seine Aussage oft vordergründig als Sachmitteilung und meint tatsächlich den Beziehungs- oder den Appellaspekt. Er hofft darauf, dass der Angegriffene sich „automatisch“ auf diese Aspekte der Äußerung konzentriert. Bei der Technik der sachlichen Feststellung tut man dem Angreifer nun genau diesen Gefallen nicht, sondern liest aus seiner Aussage gezielt den jeweiligen Inhalts- oder Selbstoffenbarungsaspekt heraus. Es findet eine Art Pingpongspiel statt: Durch den Angriff soll das Opfer ein Problem bekommen, durch die Technik der sachlichen Feststellung wird jedoch das Problem des Angreifers thematisiert. Ihm wird auf diese Weise ein Spiegel vorgehalten.

Um sich die Anwendung dieser Technik zu vereinfachen, fragen Sie sich einfach: Welches ist das Problem des Angreifers, was offenbart der Angreifer von sich selbst? Und formulieren Sie dies. Implizit sagen Sie damit aus, dass nicht Sie selbst ein Problem haben, sondern der Angreifer. Wichtig ist, dass Sie nicht auf die genauen Worte des Angreifers eingehen (Sachaspekt), sondern etwas über seinen inneren Zustand aussagen (Selbstaussage). Beginnen Sie dabei den Satz mit „Sie“. Auch bei dieser Technik dürfen Sie nur eine kurze Aussage über den Angreifenden treffen, um nicht Gefahr zu laufen, mit Verteidigung oder Gegenangriff zu reagieren.

Eine Steigerung dieser Technik ist es, die sachliche Aussage in Form einer versteckten Frage zu formulieren – einfach, indem Sie die Stimme am Schluss anheben. So wird aus der Aussage „Sie machen sich Gedanken über meine Kleidung!“: „Sie machen sich Gedanken über meine Kleidung?“ Dies wiederum wird den Angreifer sehr wahrscheinlich dazu nötigen, sich zu rechtfertigen, da seine Reaktion (versteckt) infrage gestellt wird. Nun befindet er sich in der Defensive und im Erklärungs- und Rechtfertigungsnotstand.

Wirkung der sachlichen Feststellung

- Der Angreifer wird ins Rampenlicht gestellt.
- Der Angriff blitzt an dem Angegriffenen ab und wird auf den Angreifenden zurückgelenkt.

Beispiel

Angriff: Sie sind unpassend gekleidet.
Reaktion: Sie machen sich Gedanken über meine Kleidung?

Im Gegensatz zu einem reinen Reformulieren der Aussage des Angreifers kann man sie auch noch in manchen Teilen falsch wiederholen. Dies wird den Widerspruch des Angreifenden nach sich ziehen, er muss nun wieder aktiv werden und sein Gehirn gebrauchen.

Beispiel

Angriff: Sie sind unpassend gekleidet.
Reaktion: Sie machen sich Gedanken über die aktuelle Mode.

Definitionsmethode

Die Definitionsmethode ist eine weitere sehr einfache, aber trotzdem (oder gerade deshalb) sehr effiziente Technik, um verbalen Angriffen etwas entgegenzusetzen. Dabei greift man sich aus dem Angriff einen Begriff heraus und lässt ihn sich näher erklären. Man muss lediglich darauf achten, dass man sich den Begriff heraussucht, der am erklärungsbedürftigsten und erklärungsfähigsten ist. Mit etwas Übung wird man diese „Schwachstellen" in den Angriffen schnell erkennen können. Man kann getrost auf den Effekt hoffen, dass der Angreifer umso unpräzisere Begriffe verwendet, je größer die Provokation ist.

Bei der Definitionsmethode gibt es zwei Stufen der Anwendung im Sinne einer Pflicht und einer Kür. Auf der ersten Stufe lässt man sich einfach einen sehr schwammigen Begriff erklären. Z. B. eignet sich aus dem Satz „So etwas sagt doch kein normaler Mensch" der Begriff „normal" für die Definitionsmethode am besten.

Konkrete Formulierungen für die Definitionsmethode

- Wo sehen Sie den Unterschied zwischen ... und ...?
- Um darauf antworten zu können, müssten Sie mir erklären, was Sie unter ... verstehen.

- Wo ziehen Sie die Trennlinie zwischen ... und ...?
- Was bedeutet für Sie in diesem Zusammenhang ...?
- Um darauf zu antworten, müsste ich wissen, was ... für Sie heißt.
- Was muss gegeben sein, damit ...?
- Wie soll ich mir ... vorstellen?
- Wo liegt der Unterschied zwischen ... und ...?
- Wie viel ... ist für Sie gerade noch akzeptabel?
- Wie muss das optimale Verhältnis zwischen ... und ... sein?
- Wie verstehen Sie ...?
- Was soll ich mir genau unter ... vorstellen?

Auf der zweiten Stufe stellt man eine etwas kompliziertere Frage, die eigentlich gar nicht (vernünftig) zu beantworten ist.

Formulierungen für die zweite Stufe der Definitionsmethode

- Wie viel ... darf ein ... sein, damit es noch (oder gerade nicht mehr) ein ... ist?
- Wann ist ein ... *wirklich* ein ...?
- Wie sehr ... muss ein ... sein, damit es *wirklich* ein ... ist?
- Wann ist ein ... ein ...?
- Wie viel ... darf ein ... sein, um gerade noch ...?

Wirkung der Definitionsmethode

- Wie bei allen Kontertechniken wird der Angreifer erst einmal aus dem Konzept gebracht.
- Zusätzlich muss er nun sein Gehirn benutzen und aktiv werden.
- Je abstrakter die Begriffe sind, die ein Angriff enthält, desto größer ist die Wahrscheinlichkeit, dass der Angreifer sie auch nicht befriedigend definieren kann.
- Die Logik lautet dann: Wie soll ich mich angegriffen fühlen, wenn der Angreifer nicht einmal selbst sagen kann, was er eigentlich meint?

Bei der Kontertechnik bleiben

Wenn Sie einen verbalen Angriff mit den oben genannten Techniken gekontert haben, wird sich der Angreifer meist nicht zufrieden geben, sondern (vielleicht nach einer Pause der Verwunderung) sehr wahrscheinlich einen weiteren verbalen Angriff nachschieben, um doch noch sein Ziel (den Angegriffenen zu provozieren) zu erreichen. Oft geschieht dies, indem er die Kontertechnik selbst zum Gegenstand seiner Attacke macht, z. B. mit der Formulierung: „Was redest du da für blödes Zeug?" oder: „Wer hat dir denn diesen Mist beigebracht?" etc. Reagieren Sie dann einfach wieder wie gehabt und zeigen Sie dem Angreifer dadurch, dass Sie ihm den Gefallen auch auf mehrfache verbale Angriffe hin nicht tun, mit den von ihm erhofften Strategien (Verteidigung, Gegenangriff, Ironie, Totstellen) zu reagieren.

Versteckte verbale Angriffe

Häufig wird man nicht mit solch offener destruktiver Kritik wie in den bisherigen Beispielen konfrontiert. Der verbale Angriff wird in der Regel wesentlich subtiler formuliert und man muss dann erst aus der oberflächlich vielleicht neutralen Aussage die destruktive Kritik herausfiltern. So erscheint die Aussage „Solche Halstücher hat man vor 20 Jahren getragen“ einerseits relativ neutral, andererseits enthält sie die (versteckte) destruktive Kritik: „Sie sind ja total geschmacklos gekleidet.“ Versteckte Angriffe sind sehr oft in Form von Fragen formuliert, z. B. kann die Frage „Finden Sie diese Kleider wirklich schön?“ im Klartext bedeuten: „Sie haben einen furchtbaren Geschmack.“

Menschen, die uns gut kennen, wissen natürlich sehr gut, auf welchen (verdeckten oder offenen) Angriff wir am besten reagieren. Auch hier ist der Effekt der Musterdurchbrechung besonders wirksam. Die Angreifer werden sehr überrascht sein, wenn wir nicht in der bisher gewohnten Art und Weise reagieren.

Kann man tatsächlich so mit anderen Menschen reden?

Sie fragen sich nun vielleicht, ob es legitim oder wirklich sinnvoll ist, die vorgestellten Kontertechniken tatsächlich im Gespräch mit anderen Menschen anzuwenden. Diese Frage ist mit Ja und mit Nein zu beantworten. Natürlich ist es in einer Unterhaltung mit „normalen“ Gesprächspartnern eher hinderlich, diese Strategien einfließen zu lassen. Die Gesprächspartner wären sicherlich sehr verwundert oder gar verärgert über Ihre „merkwürdige“ Reaktionsweise. In einem Gespräch dagegen, das Manipulationen und verbale Angriffe beinhaltet, hat man es nicht mehr mit „normalen“ Gesprächspartnern zu tun. Ein Angriff ist immer auch ein Übergriff, der Grenzen verletzt. In dieser Situation ist es auch angebracht, „unnormal“ zu reagieren.

Gelegentlich wird gegen die Verwendung der hier dargestellten Techniken vorgebracht, dass man sich damit Feinde macht. Dieser Einwand greift jedoch deshalb nicht, weil man in einer solchen Gesprächssituation in der Person des Angreifers bereits einen Feind hat. Die Frage ist nur, ob man ihm signalisiert, dass man sich durchaus gegen ihn wehren kann, oder ob man ihn dazu einlädt, sein Spiel weiterzuspielen. Wenn man Zweifel verspürt, ob man solche Abwehrtechniken anwenden darf, reagiert man sehr wahrscheinlich auf die Leitidee „Man muss auf Angriffe sinnvoll antworten“ (vgl. Kapitel 7). Genau darauf spekuliert jedoch der Angreifer.

Die „Rechtslage“ ist bei einer Provokation folgende: Der Angreifer verletzt die Regeln einer fairen Kommunikation und fordert gleichzeitig, dass sich der Angegriffene an ebendiese Regeln hält. Spricht ein Angreifer diese Situation an, so kann man ihm sehr schnell bedeuten, dass *er* es war, der mit der Regelverletzung angefangen hat. Da er das aber weiß, wird er sich sehr wahrscheinlich nicht auf das Glatteis begeben und dies ansprechen.

In dem Moment, in dem der Angreifer die Regeln des menschlichen Anstandes verletzt, legitimiert er den Angegriffenen dazu, dies ebenfalls zu tun. Er legt die Untergrenze des Niveaus fest, auf dem man sich unterhält. Mit der Anwendung der Kontermethoden signalisiert man ihm, dass man nicht bereit ist, sich auf diesem Niveau zu unterhalten.

Kann man auch gegenüber „Respektspersonen“ tatsächlich so reagieren? Ja, natürlich. Wird man mit destruktiver Kritik konfrontiert, ist es durchaus legal – auch gegenüber Personen, die man eigentlich respektieren muss (z. B. Vorgesetzte). Der innere Auslöser zum Einsatz der Kontertechniken kann sein, dass man mit Gegenangriff, Verteidigung, Totstellen oder Ironie reagieren möchte. In solchen Situationen ist es nur allzu legal, dem anderen nicht den Gefallen zu tun, so zu reagieren, wie er es gern von uns hätte.

Kann man tatsächlich so mit anderen Menschen reden?

Mit den meisten Menschen sollte man nicht in dieser Weise reden – wohl aber mit denen, die uns verbal attackieren und destruktiv kritisieren.

Übungsbeispiele

Nachfolgend sind einige verbale Angriffe aufgeführt, an deren Beispiel Sie die Anwendung der beschriebenen Kontertechniken trainieren können. Manche dieser Angriffe sind dabei direkt, manche eher versteckt formuliert.

Beispiele für verbale Angriffe

- Was ist denn das für eine blöde Idee?
- Das war keine Meisterleistung.
- Sie wiederholen sich dauernd.
- Haben Sie sich das auch gut überlegt?

- Sie reagieren überempfindlich.
- Sie können keine Kritik ertragen.
- Solche Kleidung trug man vor 20 Jahren.
- Gehört der Schrotthaufen vor der Tür Ihnen?
- Haben Sie Tomaten auf den Augen?
- Kommen Sie sich nicht lächerlich vor?
- Haben Sie den Anzug schon lange?
- Ich hatte vor zehn Jahren auch einmal so ein ...
- Typisch Mann/Frau!
- Sie haben einen eigenwilligen Geschmack.
- Sind Sie eigentlich immer so ...?
- Wo haben Sie denn Ihre Augen?
- Ist das nicht etwas spießig?
- Ihre Argumentation besteht aus lauter Allgemeinplätzen.
- Sie reagieren immer nach dem gleichen Schema.

Beispiellösung Relativierungstechnik

Destruktive Kritik: Deine Art, zu argumentieren, ist langweilig.
Relativierung in Bezug auf Zeit: Die Qualität meiner Argumente ist zu verschiedenen Zeiten unterschiedlich.
Relativierung in Bezug auf Personen: Es gibt sicherlich Personen, die gewisse Arten der Argumentation als langweilig empfinden.
Relativierung in Bezug auf Situationen und Personen: In manchen Situationen muss man die Qualität der Argumentation den Diskussionspartnern anpassen.

Destruktive Kritik: Hast du dir deine Argumente überhaupt überlegt?
Relativierung in Bezug auf Zeit: Es gab in meinem Leben schon Phasen, da habe ich mir nicht immer alle Argumente ganz genau überlegt.
Relativierung in Bezug auf Personen: Manche Menschen haben Schwierigkeiten damit, meine Argumente richtig einzuordnen.
Relativierung in Bezug auf Situationen und Zeit: In manchen Situationen meines Lebens habe ich schon einmal unüberlegt geantwortet.

Destruktive Kritik: Du redest das gleiche blöde Zeug wie immer.
Relativierung in Bezug auf Zeit und Situationen: Es hat in meinem Leben schon Situationen gegeben, in denen ich blödes Zeug geredet habe.
Relativierung in Bezug auf Personen: Verschiedene Menschen beurteilen sicherlich gewisse Aussagen hinsichtlich deren Sinnhaftigkeit unterschiedlich.

Kapitel 5:

Formulierung konstruktiver Kritik

Dieses Kapitel zeigt die Unterschiede zwischen destruktiver und konstruktiver Kritik und leitet dazu an, konstruktive Kritik selbst zu formulieren. Letzteres ist eine Fertigkeit, die einen wichtigen Beitrag dazu leisten kann, Manipulationen zu entgehen und andere auf einem nichtmanipulativen Weg dazu zu bringen, ihr Verhalten zu ändern.

Im Gegensatz zu manipulativen Techniken täuscht konstruktive Kritik nicht über die Absichten des Kritisierenden hinweg. Auch wird beim Formulieren konstruktiver Kritik darauf geachtet, dass die verschiedenen Aspekte der Kommunikation (vgl. Kapitel 2) klar getrennt und eindeutig angesprochen werden. Besonders wichtig hierbei ist die klare Trennung von Selbstaussage und Appell.

Die Angst davor, Kritik zu üben bzw. kritisiert zu werden, ist in der Regel die Angst vor stümperhafter Kritik. Das bedeutet, dass die Art der Kritik häufig als schlimmer empfunden wird als ihr Inhalt. Wird Kritik in einer unangemessenen Form geübt, so kann dies dazu führen, dass der Kritisierte sich sofort verteidigt und die Kritik abwehrt. Dann ist es auch unwahrscheinlich, dass er das kritisierte Verhalten ändern wird. Die beste und häufig einzige Chance, andere zu einer Verhaltensänderung zu bewegen, besteht darin, ihnen die Wirkung des kritisierten Verhaltens zu erklären.

Konstruktive und destruktive Kritik

Wodurch unterscheidet sich nun konstruktive von destruktiver Kritik? Neben der später noch näher beschriebenen *Form* der Kritik kommt ihrem *Ziel* eine entscheidende Bedeutung zu. Konstruktive Kritik möchte demjenigen, der kritisiert wird, Rückmeldung über die Wirkung seines Verhaltens auf andere geben und ihm zeigen, wie er diese verändern könnte. Konstruktive Kritik zielt auf bestimmte Verhaltensweisen in gewissen Situationen ab, sie gibt der kritisierten Person Ratschläge, was sie daran verbessern könnte. Destruktive Kritik dagegen will das Gegenüber in die Defensive drängen, manipulieren, in seinem Selbstwert bedrohen, handlungsunfähig machen. Oft wird dabei die ganze Person infrage gestellt. Diese Art der Kritik ist für den Angegriffenen völlig wertlos, da sie keine Ratschläge und Verbesserungshinweise enthält. Destruktive Kritik versucht den Kritisierten unter Druck zu setzen, um dadurch sicherzustellen, dass er gemäß dem Yerkes-Dodson-Gesetz nicht mehr in vollem Umfang handlungsfähig ist und somit leichter manipulierbar wird.

Merkmale destruktiver Kritik

- Sie betrifft die ganze Person.
- Sie ist verletzend.
- Sie hilft dem Kritisierten nicht weiter.

Formulierung konstruktiver Kritik

Aus den oben beschriebenen Merkmalen destruktiver Kritik ergeben sich im Umkehrschluss einige Regeln zur Formulierung konstruktiver Kritik. Im folgenden Abschnitt sind vier Grundsätze dargestellt, mit deren Hilfe man Kritik in einer konstruktiven Weise formulieren kann, ohne sofort bei dem Kritisierten eine Verteidigungsreaktion zu provozieren. Dies ist die Grundvoraussetzung dafür, dass er sich überhaupt mit dem kritisierten Verhalten beschäftigt und es dann – sofern er es für richtig hält – auch ändert.

Konstruktive Kritik ist spezifisch, nicht global

Wenn man spezifisches Verhalten kritisiert, so weiß der Betreffende, dass es sich dabei nicht um eine globale Kritik und das Infragestellen seiner ganzen Person handelt. Implizit sagt der Kritisierende damit auch aus, dass er die vielen anderen Aspekte der Person akzeptiert. Man kann anhand der verwendeten Wörter rein formal relativ gut globale Aussagen von konkreten Beschreibungen unterscheiden, indem man prüft, ob so genannte „Allquantoren“ vorkommen. Das sind Generalisierungen wie z. B. „immer“, „ständig“, „nie“ etc. Wenn Allquantoren in einer Verhaltensbeschreibung auftauchen, ist dies ein

Zeichen dafür, dass sie wenig spezifisch ist, und es steckt immer der implizite Vorwurf darin, dass man das kritisierte Verhalten in einem inakzeptablen Ausmaß an den Tag legt.

Beispiel

Jemand kommt häufig zu spät zu Verabredungen. Kritisierte man denjenigen nun mit der Formulierung „Immer kommst du zu spät", würde das sehr wahrscheinlich schnell als Reaktion des Kritisierten ein „Stimmt doch gar nicht" zur Folge haben. Formulierte man seinen Satz dagegen so: „Die letzten drei Male, als wir uns treffen wollten, bist du zehn bzw. 15 Minuten zu spät gekommen", so würde die Reaktion des Kritisierten (sofern natürlich die Angaben richtig sind) wahrscheinlich eine weniger abwehrende sein.

Konstruktive Kritik ist beschreibend und interpretationsfrei

Konstruktive Kritik besteht in einer möglichst wertneutralen und objektiven Beschreibung des kritisierten Verhaltens einer anderen Person. Wichtig hierbei ist, dass das Verhalten nicht bewertet, sondern wirklich neutral und „objektiv" beschrieben wird. Dadurch schafft man eine Basis, über die Einigkeit besteht – denn die Unterschiede liegen ja in der Regel nicht in der Beschreibung des Verhaltens, sondern in dessen Bewertung.

Beispiel

Die Aussage „Du kommst schon wieder zu spät, weil du dir keine Gedanken darüber machst, dass ich in der Zwischenzeit warten muss“ enthält eine Interpretation („weil du dir keine Gedanken darüber machst, dass ich in der Zwischenzeit warten muss“). Der Kritisierte wird sehr wahrscheinlich die Richtigkeit dieser Interpretation in Zweifel ziehen.

Die nachfolgende Übung dient dazu, das Trennen von Beschreibung und Interpretation zu lernen.

Übung: Trennung von Beschreibung und Interpretation von Verhalten

Notieren Sie hinter jenen Aussagen, die eine reine Beschreibung von Verhalten sind, ein „B“, hinter denjenigen, die Interpretationen enthalten, ein „I“. Die Lösung befindet sich am Ende dieses Kapitels.

Herr A hat den Ausflug sehr gut vorbereitet.	
Herr F ist häufig abweisend.	
Auf Frau C kann man sich nicht verlassen.	
Frau D kam in den letzten drei Wochen vier Mal zu spät zu einer Verabredung.	
Aus Mangel an Selbstbewusstsein wirkt Herr B unsicher.	
Herr E hat sein Auto in der letzten Woche drei Mal auf den falschen Parkplatz gestellt.	

Frau G ist immer sofort aufbrausend und ungerecht.	
Herr H trickst seine Mitmenschen häufig aus.	

Weitere Übungsmöglichkeit: Wertneutrales Beschreiben

Um das wertneutrale Beschreiben zu üben, kann man folgende Übung durchführen. Sehen Sie sich eine Sequenz einer Fernsehsendung von ca. zwei bis drei Minuten Länge an. Schreiben Sie anschließend auf, was in dieser Sequenz passiert ist. Kontrollieren Sie dann, ob Ihre Notizen Bewertungen enthalten.

Konstruktive Kritik beschreibt, wie das Verhalten der betreffenden Person auf den Kritisierer wirkt

Gelegentlich hört man, konstruktive Kritik solle sachlich und nicht persönlich sein. Diese Ansicht ist richtig und falsch zugleich: Konstruktive Kritik sollte höchstpersönlich sein, das Persönliche dabei muss sich jedoch auf die Person des Kritisierenden, nicht auf die des Kritisierten beziehen. Der sachliche Teil der konstruktiven Kritik besteht aus der Beschreibung des kritisierten Verhaltens, der sehr persönliche Anteil dagegen aus der ganz subjektiven Schilderung des Kritisierenden davon, wie dieses Verhalten auf ihn wirkt. Die Bewertung des kritisierten Verhaltens geschieht also nicht in Form einer Diskussion darüber, ob es nun schlimm, ungerechtfertigt, verwerflich o. Ä. ist, sondern in Form einer Beschreibung, welche emotionale Wirkung es auf den Kritisierenden hat.

Diese Art der Verhaltensbewertung hat den Vorteil, dass sie zwingend immer wahr ist, da nur der Kritisierende weiß, wie das Verhalten des anderen subjektiv auf ihn wirkt. Über diese Subjektivität kann man auch nicht sinnvoll diskutieren. Die Aussage „*Ich* ärgere mich darüber, dass ich so lange warten muss" kann nicht sinnvoll widerlegt werden, da nur die betreffende Person weiß, wie sie sich fühlt.

Häufig formuliert man Aussagen über die Wirkung von Verhalten in Form einer Du-Aussage (vgl. Kapitel 2). Dies hat jedoch fast zwangsweise zur Folge, dass der Kritisierte sich sofort angegriffen fühlt und sich verteidigt. Eine Du-Formulierung enthält implizit fast immer zwei Aussagen: die Darstellung des Sachverhalts und eine Beschuldigung. Die Beschuldigung wird von dem Kritisierten zuerst wahrgenommen und führt meist zur sofortigen Verteidigung. Sie verdeckt die Beschreibung des Sachverhalts und das Gespräch verläuft dann hauptsächlich auf der Beziehungs-, weniger auf der Inhaltsseite.

Wird die Wirkung von Verhalten hingegen mit einer Ich-Aussage beschrieben, so muss sich der Kritisierte nicht angegriffen fühlen – es handelt sich ja um eine Mitteilung, und nicht um eine Unterstellung oder einen Angriff.

Wenn man eine Du-Aussage formuliert, begibt man sich in die Position des Hellsehers, der das Verhalten der kritisierten Person interpretiert und analysiert. Da aber nur sie selbst weiß, wie ihr Verhalten „richtig" zu interpretieren ist, besteht zumindest prinzipiell immer die Möglichkeit, dass die Aussage des Kritisierenden falsch ist. Der Kritisierte wird genau hier den Widerspruch ansetzen. Mit einer Ich-Aussage entgeht man dieser Problematik aus dem eben beschriebenen Grund.

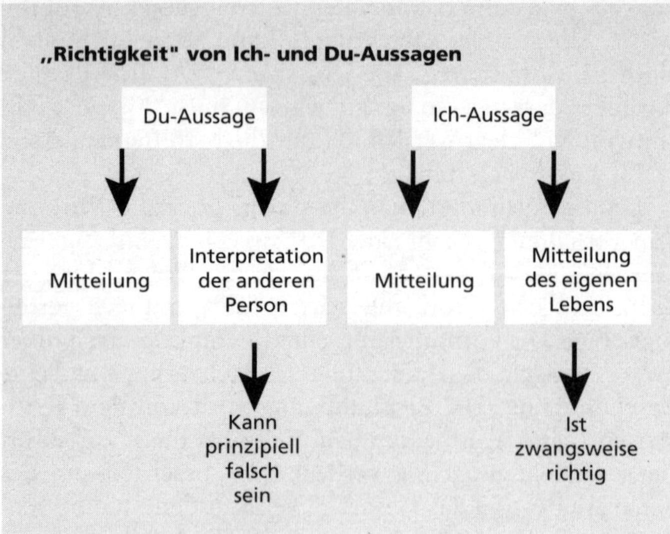

Natürlich kann auch in einer Ich-Aussage das Wort „du“ vorkommen. Wichtig ist, dass der Satz eine Ich-*Aussage* und nicht nur formal das Wort „ich“ enthält.
Versuchen Sie sich in die Rolle von jemandem zu versetzen, der kritisiert wird. Die Kritik enthält Du-Aussagen. Wie wird Ihre Reaktion auf diese Du-Aussagen sein? Sie reizen sofort zum Widerspruch, sie erzeugen evtl. Wut oder Ärger über dabei gemachte Unterstellungen.

Beispiel

Jemand kommt häufig zu Verabredungen zu spät. Die Formulierung „*Du* machst dir gar keine Gedanken, dass ich dann warten muss und nicht weiß, wann du kommst" wird wahrscheinlich die Reaktion „Natürlich mache ich mir Gedanken darüber, aber ..." zur Folge haben. Dagegen ist bei der Formulierung „*Ich* langweile mich dann und ärgere mich darüber, dass ich hier in der Kälte stehe" die Wahrscheinlichkeit für einen solchen Widerspruch gering.

Beachten Sie bei der Umformulierung von Du- in Ich-Aussagen, dass die neue Formulierung tatsächlich eine Ich- und nicht eine *versteckte* Du-Aussage ist. Im obigen Beispiel wäre z. B. die Aussage: „Ich denke, dass *du* dir keine Gedanken darüber machst, dass ich warten muss" eine solche versteckte Du-Aussage.

Bei der Formulierung von Ich-Aussagen ist es hilfreich, die eigenen Gefühle zu beschreiben, weil man damit sicherstellt, dass man tatsächlich Ich- und keine versteckten Du-Aussagen von sich gibt. Gefühle sind notwendigerweise immer Ich-Aussagen und in ihrer totalen Subjektivität stets „richtig" (d. h. nicht weiter diskutierbar). Werden Ich-Aussagen dagegen eher als Gedanken formuliert, können daraus sehr leicht doch noch versteckte Du-Aussagen werden.

Übung: Trennung von Gedanken und Gefühlen

In der Umgangssprache werden Gedanken und Gefühle oft vermischt. Meist ist dies auch unproblematisch. Zum Verstehen und Lösen von Problemen kann diese Unterscheidung jedoch sehr hilfreich sein. Prüfen Sie, ob folgende Äußerungen Gefühle („F“ für „Fühlen“) oder Gedanken („D“ für „Denken“) beschreiben. Die Lösung befindet sich am Ende dieses Kapitels.

Ich fühle mich ausgelaugt.
Ich habe das Gefühl, er/sie mag mich nicht.
Ich habe das Gefühl, dass es schlimm ist, wenn ich die Antwort nicht weiß.
Ich habe Angst vor dem Vortrag.
Ich habe das Gefühl, dass mich die anderen für blöd halten.
Ich denke, dass ich traurig bin.
Ich glaube, ich habe einen Fehler gemacht.
Ich habe das Gefühl, ein Versager zu sein.

Übung: Du-Aussagen umformulieren

Formulieren Sie Du-Aussagen in den jeweiligen beschriebenen Situationen zu tatsächlichen Ich-Aussagen um. Eine Beispiellösung findet sich am Schluss dieses Kapitels.

Situation	*Du-Formulierung*	*Ich-Formulierung*
Der Mann kommt später als erwartet nach Hause. Da empfängt ihn seine Frau:	Wo warst du denn die ganze Zeit?	
Ein Freund zu einem anderen:	Du lässt dich in der letzten Zeit überhaupt nicht mehr sehen.	
Mann zu seiner Frau:	Du hast schon wieder das falsche Essen gekocht.	
Der Vater möchte die Zeitung lesen, das Kind stört ihn dabei. Vater:	Du sollst mich jetzt endlich in Ruhe lassen!	
Zwei Freunde haben sich an einem Treffpunkt verabredet. Der Wartende:	Du kommst schon wieder zu spät.	
Das Kind kommt mit schmutzigen Händen an den Tisch. Die Mutter:	Du sollst nicht mit schmutzigen Händen an den Tisch kommen!	

Konstruktive Kritik macht Vorschläge zur Verhaltensänderung

Ziel der konstruktiven Kritik ist nicht, die kritisierte Person infrage zu stellen, sondern sie zu veranlassen, ihr Verhalten in gewissen Situationen zu ändern. Der Kritisierende hat in der Regel eine konkrete Forderung an den anderen. Hierbei gelten die gleichen Regeln zum Formulieren einer Forderung, wie sie in Kapitel 3 beschrieben sind.

Beispiel

Jemand kommt häufig zu Verabredungen zu spät. Die Forderung an diese Person könnte z. B. lauten: „Bitte komm in Zukunft zu unseren Verabredungen pünktlich."

In unserem bisher verwendeten Beispiel könnte die gesamte konstruktive Kritik lauten:

„Die letzten drei Male bist du zu unseren Verabredungen zehn bzw. 15 Minuten zu spät gekommen. Ich langweile mich dann und ärgere mich, dass ich in der Kälte stehe und auf dich warten muss. Bitte komm in Zukunft zu unseren Verabredungen pünktlich."

Schema zur Äußerung konstruktiver Kritik

Häufig ist es so, dass man die Kritik an anderen Menschen sehr gut vorbereiten kann, weil sich viele Verhaltensweisen, die man an anderen kritisieren möchte, schon über lange Zeit eingeschliffen haben. Daher ist es möglich, sich gezielt auf solche Kritik vorzubereiten. Dafür eignet sich das nachfolgende Schema.

Schema zur Formulierung konstruktiver Kritik

1. Wertfreie (!) Beschreibung eines speziellen kritisierten Verhaltens
2. Beschreibung der eigenen emotionalen Reaktion auf dieses Verhalten (Ich-Aussagen, keine Du-Aussagen)
3. Formulierung eines Wunschverhaltens, das eine andere emotionale Reaktion hervorrufen würde

Man kann z. B. die beabsichtigte Kritik nach diesem Schema vorformulieren, noch einmal prüfen und, wenn erforderlich, umformulieren. Überprüfen kann man die Kritik mithilfe der nachfolgenden Fragen:

Fragen zur Prüfung einer vorformulierten Kritik

- Enthält die Beschreibung des kritisierten Verhaltens noch Bewertungen?
- Enthält sie Du-Aussagen?
- Ist die eigene Reaktion auch nicht in versteckten Du-Aussagen formuliert?
- Ist das Wunschverhalten eindeutig beschrieben?
- Enthält die Kritik Punkte, die den Kritisierten (nahezu zwangsläufig) zu Widerspruch herausfordern werden?

Sollte eine oder mehrere dieser Fragen mit Ja beantwortet werden, so sollte die Kritik noch einmal umformuliert werden.

Der Wert eines solchen Schemas besteht letztendlich darin, dass man sich selbst dazu zwingen muss, sich über die einzelnen Elemente der konstruktiven Kritik klar zu werden. Die Anwendung eines solchen Schemas ist somit eine Art „geistiges Vorsortieren“.

Lösungen zu den Übungen dieses Kapitels

Lösung: Trennung von Beschreibung und Interpretation von Verhalten (B = Beschreibung/I = Interpretation)

Herr A hat den Ausflug sehr gut vorbereitet.	I
Herr F ist häufig abweisend.	I
Auf Frau C kann man sich nicht verlassen.	I
Frau D kam in den letzten drei Wochen vier Mal zu spät zu einer Verabredung.	B
Aus Mangel an Selbstbewusstsein wirkt Herr B unsicher.	I
Herr E hat sein Auto in der letzten Woche drei Mal auf den falschen Parkplatz gestellt.	B
Frau G ist immer sofort aufbrausend und ungerecht.	I
Herr H trickst seine Mitmenschen häufig aus.	I

Lösung: Trennung von Gedanken und Gefühlen (F = Gefühl/D = Gedanke)

Ich fühle mich ausgelaugt.	F
Ich habe das Gefühl, er/sie mag mich nicht.	D
Ich habe das Gefühl, dass es schlimm ist, wenn ich die Antwort nicht weiß.	D
Ich habe Angst vor dem Vortrag.	F

Ich habe das Gefühl, dass mich die anderen für blöd halten.	D
Ich denke, dass ich traurig bin.	D
Ich glaube, ich habe einen Fehler gemacht.	D
Ich habe das Gefühl, ein Versager zu sein.	F

Beispiellösung: Du-Aussagen umformulieren

Situation	*Du-Formulierung*	*Ich-Formulierung*
Der Mann kommt später als erwartet nach Hause. Da empfängt ihn seine Frau:	Wo warst du denn die ganze Zeit?	Ich habe mir Sorgen gemacht und mich gefragt, wo du bleibst.
Ein Freund zu einem anderen:	Du lässt dich in der letzten Zeit überhaupt nicht mehr sehen.	Ich würde mich gern öfter mit dir treffen.
Mann zu seiner Frau:	Du hast schon wieder das falsche Essen gekocht.	Ich mag dieses Essen nicht.
Der Vater möchte die Zeitung lesen, das Kind stört ihn dabei. Vater:	Du sollst mich endlich in Ruhe lassen!	Ich möchte in Ruhe meine Zeitung lesen.

Zwei Freunde haben sich an einem Treffpunkt verabredet. Der Wartende:	Du kommst schon wieder zu spät.	Ich warte schon 15 Minuten und langweile mich.
Das Kind kommt mit schmutzigen Händen an den Tisch. Die Mutter:	Du sollst nicht mit schmutzigen Händen an den Tisch kommen.	Ich mag es nicht, wenn mit schmutzigen Händen gegessen wird.

Kapitel 6:

Die Atmung als Möglichkeit zur schnellen Verringerung der Anspannung in schwierigen Situationen

Während es in den vorangegangenen Kapiteln um die Rolle des sicht- und hörbaren Verhaltens beim Manipulieren bzw. Manipuliertwerden ging, liegt der Schwerpunkt dieses und des folgenden Kapitels auf den „inneren Prozessen“, die ablaufen, wenn man sich in einer schwierigen Situation befindet. Diese inneren Prozesse können zu zusätzlicher Unsicherheit in der sowieso schon schwierigen Situation führen, was wiederum zur Folge hat, dass man nicht mehr auf sein ganzes Handlungsrepertoire Zugriff hat. Nur dann, wenn die Anspannung sich in einem mittleren Bereich bewegt, ist man schlagfertig und verfügt über alle Handlungsmöglichkeiten, die man prinzipiell besitzt. Steigt die Anspannung über diesen Bereich hinaus, so wird das Verhalten ineffizienter, und genau dies versucht der Manipulierer bei seinem Gegenüber zu erreichen. Um dem vorzubeugen, kann man sich entweder Kontertechniken zurechtlegen oder Einfluss auf die eigene innere Anspannung nehmen. Natürlich macht es auch Sinn, beide Möglichkeiten zu kombinieren.

In diesem Kapitel wird mit dem Einsatz von Atemtechniken eine Möglichkeit vorgestellt, um sehr schnell spürbar und auch in Gegenwart anderer Menschen die Anspannung zu verringern und sie dadurch wieder in den mittleren Bereich zurückregulieren zu können. Die Begriffe „Stress", „Anspannung" und „Nervosität" werden hier synonym verwendet.

Atmung und Anspannung

Der Atmung kommt bei der Reduktion von Anspannung eine besondere Rolle zu. Sie stellt eine sehr effiziente Methode dar, um den Grad der Aktivierung schnell zu verändern. Dies gelingt jedoch nur dann, wenn man sich darüber im Klaren ist, wie die Anspannung mit der Atmung zusammenhängt – was die meisten Menschen jedoch nicht unmittelbar wissen. Bittet man z. B. Teilnehmer an Kursen zum Thema Stressbewältigung, die körperlichen Veränderungen beim Auftreten von Stress zu beschreiben, so werden die meisten dabei relevanten Symptome wie z. B. Erhöhung der Herzfrequenz, Verspannung der Muskulatur, Steigerung des Blutdrucks etc. beschrieben. Regelmäßig fehlt allerdings die Wahrnehmung der veränderten Atmung. Sie scheint eher un*be*wusst (im Sinne von un*ge*wusst) zu erfolgen. Dies verwundert nicht, da das neuroanatomische Atemzentrum in einem ziemlich alten Gehirnteil im Stammhirn lokalisiert ist und die Atmung daher – wie viele andere lebensnotwendige Körperfunktionen im alltäglichen Leben auch – nur sehr wenig Aufmerksamkeit erfährt.

Fragt man Menschen, welchen Ratschlag bezüglich der Atmung sie jemandem geben würden, der sich in einer Stresssituation befindet (z. B., wenn er verbal angegriffen wird), so hört man oft den Ratschlag: „Erst einmal tief durchatmen." Dieser Tipp ist richtig und zugleich auch falsch, wie nachfolgend noch näher dargestellt wird. Wird er verstanden als: „Erst einmal tief *aus*atmen", hat er positive Wirkung. Wird er hingegen verstanden als: „Erst einmal tief *ein*atmen", kann er die Anspannung noch verstärken.

In Stresssituationen verändert sich die Atmung reflexhaft, sie wird schneller und verlagert sich vom Bauch- in den Brustraum. Es gilt aber auch umgekehrt: Bei Veränderung der Atmung ändert sich die Anspannung. Mit der Kontrolle der Atmung hat man somit ein Instrument zur Beeinflussung der eigenen Aktivierung zur Verfügung. Da die Atmung unter Anspannung schneller wird und sich zum Brustraum hin verlagert, liegt es nahe, zur Gegensteuerung bei Anspannung willentlich genau die konträre Art der Atmung einzusetzen.

Die Atmung läuft einerseits komplett automatisch – und in diesem Sinne unbewusst – ab (wir müssen uns ja nie auf die Atmung konzentrieren, sonst könnten wir ja z.B. niemals schlafen). Andererseits können wir die Atmung – zumindest in einem gewissen Rahmen – willentlich beeinflussen. So können wir die Atmung etwa einige Zeit anhalten, sie verlangsamen oder absichtlich beschleunigen.

Zu atmen heißt letztendlich, die Lungen durch ihre mechanische Dehnung mit Luft zu füllen. Da die Lunge selbst nicht über Muskulatur verfügt, muss das Befüllen und Entleeren über die sie umgebende Muskulatur erfolgen. Um dies zu erreichen, gibt es zwei Hauptmöglichkeiten:

Die zwei Hauptarten der Atmung

1. *Bauchatmung (Zwerchfellatmung)*
   Das Zwerchfell, ein Muskel zwischen Lunge und Bauchraum, wird bei der Bauchatmung nach unten gezogen, indem die Bauchdecke nach außen gewölbt wird. Um diese Art der Atmung zu spüren, legen Sie eine Hand in Höhe des Bauchnabels auf Ihren Bauch. Beim tiefen Einatmen wölbt sich die Bauchdecke nach außen, beim tiefen Ausatmen fällt sie wieder nach innen ein.
2. *Brustatmung*
   Der Brustkorb wird bei der Brustatmung gedehnt und angehoben. Diese Atmungsmethode können Sie spüren, indem Sie zuerst tief ausatmen und dann die Hände beiderseits des Brustbeins auf die Rippen legen, sodass sich die Mittelfinger gerade berühren. Beim Einatmen können Sie fühlen, wie sich die Rippen dehnen und die Mittelfinger sich dabei voneinander entfernen. Beim Ausatmen nähern sich die Fingerspitzen wieder einander an.

Mithilfe der Brustatmung kann wesentlich schneller geatmet werden als mit der Bauchatmung. Der Körper schaltet daher in Stresssituationen automatisch auf genau diese Brustatmung um, weil er damit gemäß dem uralten biologischen Programm viel Energie für Kampf oder Flucht produzieren kann. Die Bauchatmung erfolgt dagegen in Situationen, in denen Ruhe und Entspannung vorherrschen. Daher haben alle Techniken der Atemkontrolle die Umschaltung von der Brustatmung auf die Bauchatmung entweder als Hauptziel oder zumindest mit zum Ziel.

Sie können bei sich selbst testen, welche Art der Atmung bei Ihnen im Moment dominiert, indem Sie eine Hand auf die Brust legen, die andere auf den Bauch. Beobachten Sie die Bewegung der Hände einige Zeit. Welche Hand bewegt sich mehr, die Hand auf der Brust oder die auf dem Bauch? Sie können Ihre augenblickliche Atmungsart auch feststellen, indem Sie Ihre Atemzüge eine Minute lang zählen. Der normale Atemrhythmus liegt im Ruhezustand bei zehn bis 15 Atemzügen pro Minute. Ist er höher als dieser Wert, so ist dies ein Zeichen dafür, dass die Brustatmung einen relativ großen Anteil einnimmt. Ist der Wert geringer, spricht dies für eine überwiegende Bauchatmung.

Die nachfolgend beschriebenen Techniken stellen Hilfsmittel dar, um sich leichter zu entspannen. Vielen Menschen reicht auch der Ratschlag, die Atmung zu verlangsamen, die Ausatmungsphase zu verlängern, um die gewünschten physiologischen Veränderungen in Richtung Entspannung herbeizuführen. In Anspannungssituationen ist es jedoch für viele Menschen einfacher, vorher trainierte und automatisierte Techniken anzuwenden. Alle Übungen zur Atmungskontrolle haben den Vorteil, dass man sie in praktisch jeder Situation einsetzen kann, ohne dass dies irgendjemandem in der unmittelbaren Umgebung auffällt. Dies ist besonders in Situationen wichtig, die soziale Kompetenz erfordern, da diese ja definitionsgemäß nur im sozialen Kontext gezeigt werden kann.

Techniken zur Kontrolle der Atmung

Zur Durchführung der nachfolgenden Techniken sollten Sie sich bequem und aufrecht hinsetzen oder -stellen, damit der Atem frei fließen kann und insbesondere die Bauchatmung nicht erschwert wird. Achten Sie daher darauf, dass der Bauch nicht (z. B. durch einen Gürtel) zusammengedrückt wird. Führen Sie die beschriebenen Übungen vier bis fünf Minuten lang durch und nehmen Sie sich danach etwas Zeit, um zu spüren, wie stark der Effekt der jeweiligen Übung bemerkbar ist. Führen Sie die Übungen auch in einer anderen als der nachfolgend aufgeführten Reihenfolge durch, damit Sie feststellen können, welche davon bei Ihnen von Anfang an den stärksten Effekt hat. Sorgen Sie während der Übungen für genügend Frischluft. Um sich die Atmung, die normalerweise unbewusst abläuft, bewusst zu machen, sollten Sie vor allen Übungen ca. zwei Minuten lang auf Ihre Atmung achten, ohne sie zu verändern. Konzentrieren Sie sich ausschließlich auf das Ausatmen, das Einatmen erfolgt ganz von allein.

Verzögertes Einatmen

Konzentrieren Sie sich auf die Atmung: Atmen Sie ein paar Mal ganz normal ein und aus. Warten Sie dann nach jedem Ausatmen drei bis vier Sekunden, bevor Sie wieder einatmen – der jeweils nächste Atemzug wird dabei automatisch tiefer. Wiederholen Sie diese Übung mehrfach. Sie können als Hilfsmittel z. B. nach jedem Ausatmen innerlich „21 – 22 – 23 – 24“ zählen und erst dann wieder einatmen oder sich irgendetwas anderes überlegen, das es Ihnen erleichtert, sich auf die Ruhephase nach dem Ausatmen zu konzentrieren und die Länge dieser Pause abzuschätzen.

In dieser Pause befindet sich der Körper in einem maximalen Ruhezustand. Sportschützen nutzen diesen z.B., indem sie den Schießrhythmus mit der Atmung synchronisieren und genau in diesem Moment der größten körperlichen Ruhe nach dem Ausatmen den Schuss abgeben.

Versuchen Sie im Laufe der Übungen die Ruhepause nach dem Ausatmen möglichst lange auszudehnen – probieren Sie aus, wie lange Sie es können. Sie brauchen dabei keinerlei Aufmerksamkeit auf das Einatmen zu richten, es erfolgt ganz von allein. Konzentrieren Sie sich bei dieser Übung ausschließlich auf das Ausatmen und die Ruhephasen zwischen den Atemzügen.

Bauchatmung

Achten Sie bei dieser Übung besonders darauf, dass Sie keine einschnürende Kleidung tragen, öffnen Sie evtl. Ihren Gürtel. Legen Sie eine Hand locker auf den Bauch, etwa in der Höhe des Bauchnabels. Atmen Sie nun so, dass sich die Bauchdecke beim Einatmen sehr weit nach außen wölbt und beim Ausatmen deutlich nach innen zurückzieht. Der Weg, den Ihre Hand – und somit Ihre Bauchdecke – zwischen Ein- und Ausatmen dabei zurücklegt, sollte möglichst groß sein. Drücken Sie beim Einatmen den Bauch ganz weit heraus und ziehen Sie ihn beim Ausatmen fest ein. Die Hand dient dabei nur als eine Art Anzeigeinstrument für die Bewegung der Bauchdecke. Drücken Sie also nicht mit der Hand auf die Bauchdecke, legen Sie sie nur locker darauf.

Wiederholen Sie auch diese Übung mehrfach. Der Effekt ist umso größer, je weiter der Weg ist, den die Bauchdecke zwischen Ein- und Ausatmen zurücklegt. Es ist unmöglich, mit dieser Art der Bauchatmung sehr schnell zu atmen, zu hyperventilieren, weil die Bewegung der Bauchdecke einfach eine gewisse Zeit braucht. Wenn Sie etwas Übung mit dieser Art der Atmung besitzen, können Sie versuchen, die Bewegung der Bauchdecke auch dann möglichst weit auszudehnen, wenn Ihre Hand nicht mehr darauf liegt. Es sollte allein durch die Konzentration auf die Bewegung der Bauchdecke gelingen, die Atmung zu verändern.

Verlängertes Ausatmen

Konzentrieren Sie sich auf das Ausatmen. Versuchen Sie möglichst lange und tief auszuatmen. Achten Sie insbesondere darauf, dass in der letzten Atemphase die gesamte Luft aus dem Bauchraum ausgeatmet wird. Pressen Sie am Schluss die gesamte Luft aus dem Bauchraum. Ziehen Sie dabei die Bauchdecke ganz weit ein, drücken Sie die Luft aktiv aus dem Bauchraum heraus. Tun Sie das so lange, bis Sie das Gefühl haben, dass sich keine Luft mehr im Körper befindet, dass Sie alles ausgeatmet haben.

Sie werden bemerken, dass das jeweils nächste Einatmen nach jedem tiefen Ausatmen ebenfalls tiefer wird, dadurch verlangsamt und vertieft sich die Atmung mit jedem weiteren Atemzug ganz automatisch. Beim Ausatmen entspannt sich die Muskulatur, die vorher beim Einatmen entweder zum Dehnen des Brustkorbs oder zur Weitung des Bauchraums angespannt wurde. Konzentrieren Sie sich auch bei dieser Übung wieder ausschließlich auf das Ausatmen, der Körper atmet reflexhaft ganz von allein wieder ein.

Kombinationen

Die verschiedenen Atemtechniken können natürlich auch miteinander kombiniert und somit in ihrer Wirkung verstärkt werden. So ist es z. B. möglich, im Anschluss an die Bauchatmung die verzögerte Einatmung durchzuführen. Wenn Sie aus einem anderen Entspannungsverfahren ein Entspannungssignal haben (ein Signal, das immer an die Entspannung gekoppelt ist), können Sie es sich innerlich vorsagen, während Sie sich auf das Ausatmen konzentrieren. Wenn das Entspannungssignal oft genug an die Entspannungsreaktion gekoppelt wurde, während Sie die Entspannungsübung praktizierten, kann es die Wirkung der Atemtechnik noch verstärken. Voraussetzung hierfür ist jedoch, dass Sie dieses Entspannungssignal auch bei einem anderen Entspannungsverfahren benutzen und so einen Transfer auf die Atementspannung leisten können.

Anwendung der Atemtechniken in Situationen, die Selbstsicherheit erfordern

Testen Sie die gerade beschriebenen Übungen mehrmals (auch zu verschiedenen Tageszeiten) und nehmen Sie sich danach kurz Zeit, um auf die Veränderungen in Ihrem Körper zu achten. Wählen Sie diejenige Methode aus, die den für Sie typischen Anspannungssymptomen am stärksten entgegenwirkt. Sie sollten diese Techniken häufig dann üben, wenn Sie sie am wenigsten brauchen, d. h. in Situationen, die ziemlich stressfrei sind. Nur dieses präventive Üben gewährleistet, dass Sie die Techniken später in für Sie schwierigen Situationen (z. B. dann, wenn Sie verbal angegriffen werden, oder beim Stellen bzw. Ablehnen einer Forderung) quasi reflexhaft, ohne viel nachzudenken, anwenden können. Atemtechniken eignen sich hervorragend für Situationen, in denen andere Menschen anwesend sind. Sie können völlig unbemerkt eingesetzt und auch trainiert werden, da man ja sowieso ständig atmet – nur die Art und Weise der Atmung wird durch die jeweilige Übungen etwas verändert.

Wenden Sie die Atemtechniken einmal in Situationen an, in denen Sie sich in Gegenwart anderer Menschen befinden. Sehr wahrscheinlich wird niemand Ihre kleinen Übungen bemerken. Diese Erfahrung wird Sie sicherlich dazu ermutigen, diese Atemtechniken auch dann einzusetzen, wenn Sie Ihre Anspannung schnell verringern wollen.

Am Anfang wird der gezielte Einsatz von Atemtechniken noch „Mehrarbeit" bedeuten, er erfordert über das Handeln in der Situation hinaus noch zusätzliche Aufmerksamkeit. Dies wird sich jedoch sehr schnell ändern. Auch hier gelten die Prinzipien des Verhaltenstrainings, die in Kapitel 8 näher beschrieben werden.

KAPITEL 7:

LEITIDEEN UND IHRE WIRKUNG IN SCHWIERIGEN SITUATIONEN

Dieses Kapitel hat die Wirkung so genannter Leitideen zum Thema. Manchmal erschweren sie ohnehin schon problematische soziale Situationen wie z. B. solche, die mit Manipulation und Durchsetzung zu tun haben. Leitideen sind ähnlich wie die Atmung auch eher „innere Prozesse" und kein direkt beobachtbares Verhalten, obwohl das sichtbare Verhalten natürlich stark von den inneren Leitideen beeinflusst wird.

Unsere Reaktion auf Ereignisse (z. B. auf einen verbalen Angriff) ist nicht nur durch die Ereignisse selbst bestimmt, sie hängt auch stark von gedanklichen Prozessen wie selektiven Wahrnehmungen, Bewertungen etc. ab. Durch solche gedanklichen Prozesse kann die Bedeutung der Ereignisse verändert, also verstärkt oder relativiert werden. In schwierigen Situationen nutzt man diese selektiven Wahrnehmungen und Bewertungen von Wahrnehmungen oft zum eigenen Nachteil. Unsere Bewertungen sind wie eine Art Filter, durch den wir die Ereignisse in der Außenwelt betrachten und auch verzerren können.

Wir haben aber umgekehrt auch die Möglichkeit, durch gedankliche Umbewertungen einen Teil dieser Ereignisse in ihrer Bedeutung abzuschwächen.

Was sind Leitideen?

Leitideen sind langfristige Grundüberzeugungen, Glaubenssätze, Einstellungen und Handlungsregeln, die als generelle Richtlinie des Handelns dienen. Mithilfe von meist relativ abstrakten Leitideen kann man in vielen konkreten Situationen praktische Handlungsratschläge ableiten. Leitideen steuern das Verhalten über viele verschiedene Situationen hinweg und sorgen dafür, dass wir nicht immer wieder von neuem eine Situation beurteilen und über unser Handeln lange nachdenken müssen. So betrachtet helfen Leitideen bei der konkreten Lebensgestaltung und sind meistens sehr sinnvoll und hilfreich. Manche Leitideen, die vielleicht früher einmal ihren positiven Zweck erfüllten, sind aber heute eher hinderlich für die Erreichung der eigenen Ziele. Sie besitzen unter nun veränderten Rahmenbedingungen eine eher blockierende Qualität.

Leitideen sind meist so abstrakt, dass sie nur noch schwer durch unmittelbare konkrete Beobachtungen widerlegt werden können. Sie erreichen nicht selten den Status von sich selbst erfüllenden Prophezeiungen – allein der feste Glaube daran reicht aus, um ihre Gültigkeit immer und immer wieder zu bestätigen.

> Häufig ist die Prophezeiung die Hauptursache für das prophezeite Ereignis.
>
> *Thomas Hobbes*

Leitideen und aktuelle Gedanken

Leitideen unterscheiden sich von aktuellen Gedanken dadurch, dass sie situationsübergreifende Denkstile darstellen, die in vielen unterschiedlichen Situationen wirksam sein können und eine relativ hohe zeitliche Stabilität haben. Sie sind generelle Handlungsanweisungen, die unser Verhalten über viele Situationen hinweg steuern. Konkrete aktuelle Gedanken entstehen häufig als Folgeprodukte von Leitideen. Leitideen sind abstrakter als konkrete Gedanken in speziellen Situationen. Dies macht sie schwerer greifbar als konkrete Gedanken, da sie gewissermaßen „hinter" den aktuellen Gedanken stehen.

Entstehung von Leitideen

Leitideen haben einen starken Bezug zur individuellen Lebensgeschichte und bilden quasi „Grundthemen" im Leben des jeweiligen Menschen. Die meisten Leitideen entstehen in der Kindheit und sind Wegweiser, die dem Kind sagen, wie es sich am besten in der Welt verhält. Letztere wird dabei natürlich hauptsächlich durch Eltern oder andere primäre Bezugspersonen repräsentiert. In vielen unserer sozialen Verhaltensweisen spiegeln sich die Erfahrungen in der Beziehung zu diesen wider.

Wenn nun über verschiedene Situationen hinweg ähnliche Schwierigkeiten auftreten, sollte man untersuchen, ob problematische Leitideen dabei eine Rolle spielen – also Leitideen, die ihre sinnvolle Funktion im Laufe der

Jahre durch die Veränderungen der Person und der Umwelt verloren haben.

Um an blockierenden Leitideen etwas zu verändern oder sich ihrer zu entledigen, ist es nicht wichtig, zu wissen, wie sie entstanden sind. Es lohnt sich nicht, auf die Klärung der Entstehungsgeschichte viel Zeit und Energie zu verwenden.

Hinderliche Leitideen

Die nachfolgend beschriebenen Techniken sind dafür geeignet, Einstellungen, die Ihnen selbst als hinderlich bekannt sind, zu verändern. Sollten sich trotz genauer Beachtung der Vorgehensweisen und häufigen Übens keine relevanten Änderungen ergeben, so kann es sein, dass die Leitidee, mit der Sie arbeiten wollen, nicht die relevante ist.

Identifikation von zu verändernden Leitideen

Hier sind nun einige Leitideen aufgeführt, die uns in Situationen, in denen Selbstsicherheit gefordert ist, blockieren und somit unsere Handlungsfähigkeit einschränken können. Diese Leitideen sind sehr verbreitet und in ihrer Wirksamkeit erprobt.

Beispiele für gängige Leitideen, die beim Stellen von Forderungen bzw. im Umgang mit Manipulation blockieren können

- Nachgeben ist immer am besten.
- Wenn andere Leute mich nicht mögen, fühle ich mich schlecht.
- Man braucht immer den guten Willen der Menschen, mit denen man zusammenlebt.
- Man muss anderen Menschen die Gründe für das eigene Verhalten erklären.
- Man darf keine Fehler machen.
- Man hat Verpflichtungen gegenüber Menschen und Institutionen, die wichtiger sind als man selbst.
- Man muss danach streben, sich zu verbessern. Wenn einem jemand Ratschläge erteilt, so muss man ihnen Folge leisten.
- Wenn man in Harmonie zusammenleben will, muss man die Bedürfnisse anderer Menschen erahnen und darauf reagieren.
- Man muss von anderen Menschen geliebt oder anerkannt werden.
- Es ist leichter, Schwierigkeiten auszuweichen, als sich ihnen zu stellen.
- Die eigene Vergangenheit hat entscheidenden Einfluss auf das jetzige Leben – was sich früher auf das eigene Leben ausgewirkt hat, tut es auch heute noch.

Suchen Sie sich aus der obigen Sammlung diejenige(n) Leitidee(n) aus, die Sie am ehesten für wahr halten.

Ist eine Leitidee problematisch oder nützlich?

Um festzustellen, ob eine Leitidee eher hilfreich oder hinderlich ist, können Sie sich folgende Fragen stellen:

Fragen zur Nützlichkeit von Leitideen

- Hilft mir die Leitidee dabei, wichtige (Lebens-)Ziele zu erreichen?
- Fühle ich mich mit dieser Leitidee überwiegend besser?
- Würden andere für mich wichtige Personen in ähnlichen Situationen vergleichbar denken?

Je öfter Sie hier in Hinblick auf eine Leitidee mit Nein geantwortet haben, desto deutlicher ist, dass es sinnvoll sein könnte, diese Leitidee zu verändern. Im weiteren Verlauf dieses Kapitels werden wir mit einer zu verändernden und einer Wunschleitidee weiterarbeiten. Überlegen Sie sich daher an dieser Stelle, welche Leitidee Sie verändern wollen. Anhand dieser können Sie dann die in diesem Kapitel beschriebenen Veränderungstechniken trainieren. Es sollte eine Leitidee sein, die für Sie das effiziente Stellen oder Ablehnen von Forderungen oder den Umgang mit Manipulationen erschwert.

Notieren Sie hier die Leitidee, die Sie verändern möchten:

Anhand der folgenden Beispielleitidee soll verdeutlicht werden, wie man ihre Veränderung herbeiführt:

Beispiel für eine zu verändernde Leitidee

Man muss versuchen, bei allen Menschen beliebt zu sein.

Parallel dazu sollten Sie das dabei demonstrierte Vorgehen auf die eigene(n) zu verändernde(n) Leitidee(n) anwenden.

Wunscheinstellung formulieren

Nachdem die zu verändernde Leitidee festgelegt wurde, muss nun die Wunschleitidee definiert werden. Denken Sie dabei daran, was es Ihnen erleichtern würde, Forderungen effizient zu stellen oder abzulehnen bzw. auf Manipulation selbstsicherer zu reagieren.

Sie können Ihre Wunschleitidee z. B. auch finden, indem Sie sich überlegen, welche Einstellung jemand hat, der mit solchen Situationen keine Probleme hat.

Beispiel für eine Wunschleitidee

Es ist zwar wünschenswert, dass man von vielen Menschen akzeptiert wird, aber nicht unbedingt notwendig.

Notieren Sie hier die Wunscheinstellung, die Sie persönlich gern hätten:

____

____

____

____

Wichtig dabei ist, dass die Wunscheinstellung nicht zu neuen Problemen führt. Es wäre z. B. nicht sinnvoll, die Einstellung „Es ist mir vollkommen egal, was andere Menschen von mir denken“ anzustreben, da diese Idee unrealistisch ist und wahrscheinlich zu größeren Problemen mit der Umwelt führen würde als die zu verändernde Leitidee. Man sollte auch nicht einfach die zu verändernde Leitidee negieren, sondern sie so relativieren, dass sie in problematischen Situationen nicht zu einem zusätzlichen Hindernis werden kann.

Nachfolgend sind einige für das Stellen bzw. Ablehnen von Forderungen sowie den Umgang mit Manipulation hinderliche Leitideen und jeweils eine mögliche dazugehörige produktivere Leitidee aufgeführt.

Beispiele für blockierende und nützliche Leitideen

Mann muss den anderen Menschen die Gründe für sein Verhalten erklären.
Jeder hat das Recht, keine Gründe oder Entschuldigungen zur Rechtfertigung seines Verhaltens vorzubringen.

Man darf seine Meinung nicht mehr ändern, wenn man sich bereits festgelegt hat. Man muss seine neue Entscheidung rechtfertigen oder zugeben, dass man einen Fehler gemacht hat.
Jeder hat das Recht, seine Meinung zu ändern.

Man darf keine Fehler machen. Wenn man Fehler begeht, muss man sich schuldig fühlen.
Jeder hat das Recht, Fehler zu begehen und die Verantwortung dafür zu übernehmen.

Man muss die Fragen nach den möglichen Konsequenzen seiner Handlungen beantworten können.
Jeder hat das Recht, zu sagen: „Das weiß ich nicht."

Man braucht den guten Willen der Menschen in seinem Umfeld.
Jeder hat das Recht, vom guten Willen der anderen unabhängig zu sein.

Man muss der Logik folgen, weil sie besser urteilen kann als man selbst.
Jeder hat das Recht, auch unlogische Entscheidungen zu treffen.

Wenn man in Harmonie zusammenleben will, muss man die Bedürfnisse der anderen erahnen und darauf reagieren.
Jeder hat das Recht, auf die eigenen Bedürfnisse mehr zu achten als auf die der anderen. Die anderen sind für ihre Bedürfnisse selbst verantwortlich.

Man muss danach streben, sich zu verbessern, bis man in jeder Hinsicht vollkommen ist. Wenn einem jemand Ratschläge erteilt, muss man ihnen Folge leisten.
Jeder hat das Recht, zu sagen: „Das ist mir gleichgültig.“

Methoden zur Erreichung der Wunschleitidee

Wie stellt man es nun an, dass einem die Wunschleitidee auch tatsächlich in Fleisch und Blut übergeht? Verschiedene Möglichkeiten dazu werden in diesem Abschnitt vorgestellt. Probieren Sie sie aus und wählen Sie die Methode(n), bei der oder denen Sie subjektiv den deutlichsten Veränderungseffekt bemerken.

Überzeugungen zu ändern ist eigentlich eine Sache, die ständig in unserem Leben passiert. Meist nehmen wir das Ausmaß, in dem wir an eine Überzeugung glauben, als Beweis für ihre Richtigkeit. Wir haben aber schon viele Male Überzeugungen geändert, an die wir fest glaubten. Die meisten Menschen haben irgendwann einmal an den Weihnachtsmann, den Osterhasen etc. geglaubt. Durch neue Informationen und neue Erfahrungen haben sich aber diese Überzeugungen in Luft aufgelöst.

Die nachfolgend dargestellten Methoden funktionieren im Prinzip auf dieselbe Weise, wie wir unbewusst ständig Überzeugungen verändern. Diese „natürlichen“ Veränderungstechniken werden dabei allerdings systematisch und bewusst kontrolliert eingesetzt, während der natürliche Änderungsprozess eher beiläufig und unsystematisch abläuft. Durch eine kontrollierte Anwendung dieser Methoden ist es möglich, den Änderungsprozess wesentlich zu beschleunigen und effektiver zu machen. Beachten Sie bei der Anwendung der Veränderungsmethoden die Hinweise im Abschnitt „Anwendung der Methoden".

Veränderungsmethode mithilfe von Konsequenzen

Hierbei wird die zu verändernde Leitidee mit ihren negativen Konsequenzen verknüpft (assoziiert) und die Wunschleitidee wird mit ihren positiven, erwünschten Konsequenzen verkettet. Man nutzt dabei den Effekt aus, dass zwei Dinge, die sehr häufig gleichzeitig auftreten, in unserer Gedankenwelt als eng verbunden und assoziiert empfunden werden. Diese Veränderungsmethode beinhaltet vier Vorgehensschritte:

1. Schritt

Notieren Sie sich möglichst viele *negative* Konsequenzen der zu verändernden Leitidee. Fragen dazu können sein: Welche Nachteile hat diese Einstellung für Sie? Warum wollen Sie die Einstellung loswerden? Woran hindert Sie diese Einstellung?

Negative Konsequenzen der zu verändernden Leitidee	
Negative Konsequenzen Ihrer Leitidee:	*Für die Beispielleitidee können dies sein:*
	Ich stelle meine Interessen hinter denen anderer an.
	Ich vermeide es, meine Meinung zu sagen, und ärgere mich später darüber.

	Ich belaste mich dadurch innerlich.
	Ich übernehme Arbeiten für andere, die ich eigentlich gar nicht tun müsste, und komme dadurch in Zeitschwierigkeiten.
	Andere Menschen glauben, ich stimme ihnen zu, obwohl dies gar nicht stimmt.

2. *Schritt*

Notieren Sie nun möglichst viele *positive* Konsequenzen, die die Wunschleitidee hätte, wenn Sie tatsächlich fest daran glauben würden. Zu diesem Zweck stellen Sie sich bitte Fragen wie: Warum möchten Sie diese Wunscheinstellung haben? Was könnten Sie tun, wenn Sie diese Wunschleitidee hätten? Was würde Ihnen diese Einstellung bringen?

Positive Konsequenzen der Wunschleitidee	
Positive Konsequenzen Ihrer Wunschleitidee:	*Für die Beispielleitidee können dies sein:*
	Ich würde meine Meinung besser zum Ausdruck bringen können.
	Andere Menschen könnten mich verlässlicher einschätzen.

	Ich würde mir weniger Arbeit aufhalsen lassen.
	Ich würde mich weniger über mich selbst ärgern.

3. Schritt

a. Lernen Sie die zu verändernde Leitidee und die Wunschleitidee auswendig.
b. Lernen Sie die negativen Konsequenzen der zu verändernden Leitidee auswendig.
c. Lernen Sie die positiven Konsequenzen der Wunschleitidee auswendig.

Das Formblatt „Konsequenzen" erleichtert Ihnen die Arbeit mit dieser Methode.

Formblatt: Konsequenzen	
Zu verändernde Leitidee:	*Wunschleitidee:*
Welche negativen Konsequenzen hat es momentan noch für Sie, dass Sie fest an die zu verändernde Leitidee glauben? Warum wollen Sie diese Leit-idee loswerden? ____________________ ____________________	Welche positiven Konsequenzen hätte es für Sie, wenn Sie fest an die Wunschleitidee glauben würden? ____________________ ____________________

4. Schritt

Durchdenken Sie das Auswendiggelernte möglichst oft genau in folgender Reihenfolge, die Sie bitte unbedingt einhalten sollten!

Reihenfolge für die Arbeit mit Konsequenzen

1. Zu verändernde Leitidee
2. Negative Konsequenzen dieser zu verändernden Leitidee
3. Wunschleitidee
4. Positive Konsequenzen dieser Wunschleitidee

Wirkungsweise der Methode

Durch die genaue Einhaltung der Reihenfolge stellen Sie sicher, dass Sie die zu verändernde Leitidee mit den darauf folgenden negativen Konsequenzen verbinden. Die zu verändernde Leitidee wird mit negativen (aversiven) Konsequenzen verknüpft und bekommt so einen negativen „Beigeschmack". Dadurch, dass die Wunschleitidee die Vorstellung der negativen Konsequenzen unterbricht, erhält sie einen zusätzlichen positiven Charakter. Durch häufiges Kombinieren der Wunschleitidee mit ihren positiven Konsequenzen wird diese positive „Einfärbung" weiter verstärkt.

Veränderungsmethode mithilfe positiver und negativer Vorstellungen

Wie gerade erläutert, wird bei dieser Methode die zu verändernde Leitidee mit einer negativen, aversiven Vorstellung verknüpft, die Wunschleitidee dagegen mit einer positiven Vorstellung. Die jeweiligen positiven und negativen Vorstellungen sollten – anders, als dies bei der Methode mit den Konsequenzen der Fall war – dabei inhaltlich in keinerlei Beziehung zu der zu verändernden Leitidee oder der Wunschleitidee stehen (also z. B. nicht die negativen Folgen der zu verändernden Leitidee sein). Sie sollten inhaltlich aus einem ganz anderen Lebensbereich kommen, jedoch sehr deutlich positiv oder negativ emotional besetzt sein. Da Vorstellungen allgemein umso klarer sind, je mehr Sinne in der Erinnerung angesprochen werden, ist es günstig, wenn Sie eine Vorstellung verwenden, die sichtbare, hörbare, fühlbare und eventuell riechbare Inhalte hat.

Die Veränderungsmethode mithilfe von Vorstellungen beinhaltet die folgenden drei Schritte.

1. Schritt

Suchen Sie sich eine für Sie persönlich deutlich positive Vorstellung:

So finden Sie eine positive Vorstellung

- Was können Sie gut?
- Worüber reden Sie gern?
- Womit verbringen Sie vorzugsweise Ihre Zeit?
- Was ist gut (mit möglichst vielen Sinnen) vorstellbar?

Diese positive Vorstellung sollte wie gesagt nichts mit der zu verändernden Leitidee oder der Wunschleitidee zu tun haben, sondern sollte einfach eine für Sie angenehme Vorstellung von einer Situation sein, die Sie schon einmal erlebt haben. Skifahren könnte ein Beispiel sein. Stellen Sie sich dafür etwa ein Skigebiet bei Sonnenschein vor, den Geruch der Sonnencreme, das Knirschen des Schnees, das Körpergefühl, während Sie den Berg hinunterfahren etc. Wichtig ist dabei, dass Sie eine Vorstellung wählen, die für *Sie persönlich* sehr positiv ist.

2. Schritt

Suchen Sie sich nun eine für Sie persönlich negative Vorstellung

So finden Sie eine negative Vorstellung

- Was tun Sie ungern?
- Was erzeugt unangenehme Gefühle?
- Wovor haben Sie Angst?
- Was ist gut (mit möglichst vielen Sinnen) vorstellbar?

Diese negative Vorstellung sollte wiederum nichts mit der konkreten Leitidee zu tun haben, sondern eine für Sie negative und unangenehme Erinnerung an eine Situation darstellen, die Sie selbst einmal erlebt haben. Ein Beispiel wäre die Erinnerung an den letzten Besuch beim Zahnarzt. Stellen Sie sich dabei den zahnarzttypischen Geruch vor, das hochfrequente Geräusch des Bohrers, das Vibrieren des Schädels beim Bohren, vielleicht auch noch die durch das Bohren verursachten Schmerzen. Wählen Sie auch hier wieder eine Vorstellung, die für *Sie persönlich* unangenehm ist.

3. Schritt

Stellen Sie sich folgende Inhalte in der unten dargestellten Reihenfolge möglichst oft vor.

Abfolge der Vorstellungen

1. Zu verändernde Leitidee
2. Negative Vorstellung möglichst genau und intensiv vorstellen
3. Wunschleitidee
4. Positive Vorstellung möglichst genau und intensiv vorstellen

Achten Sie wiederum genau auf die Reihenfolge!

Beispielablauf

1. Sagen Sie sich innerlich vor:
Man muss versuchen, bei allen Menschen beliebt zu sein.

2. Stellen Sie sich möglichst deutlich die Zahnarztsituation vor:
- den Bohrer
- den Geruch
- die Vibrationen beim Bohren
- die Schmerzen

3. Sagen Sie sich innerlich vor:
Es ist zwar wünschenswert, dass man von vielen Menschen akzeptiert wird, aber nicht unbedingt notwendig.

4. Stellen Sie sich möglichst plastisch die Skifahrszene vor:
- das Skigebiet
- die Wärme der Sonne auf der Haut
- den Geruch der Sonnencreme
- das Knirschen des Schnees
- den Bewegungsablauf beim Ausführen eines Skischwungs

Wirkungsweise der Methode

Bei dieser Veränderungsmethode wird die zu verändernde Leitidee mit einer für Sie negativen, aversiven Vorstellung assoziiert, die Wunschleitidee dagegen mit einer für Sie positiven Vorstellung „eingefärbt“. Durch das Unterbrechen der negativen Vorstellung, indem Sie sich die Wunschleitidee vorsagen, wird dieses „Einfärben“ noch verstärkt.

Veränderungsmethode mithilfe von Gegenargumenten

Hierbei werden die Argumente, die gegen die zu verändernde Leitidee sprechen, ständig präsent gehalten. Da man normalerweise von der Richtigkeit seiner Leitideen überzeugt ist, fällt es meist etwas schwerer, diese Methode anzuwenden. Man arbeitet sich hier von den eher theoretischen und abstrakten zu den persönlicheren und konkreten Gegenargumenten vor.

Diese Art der Veränderung von Leitideen erfolgt in fünf Schritten.

1. Schritt

Überlegen Sie sich, welche Argumente ganz allgemein und rein theoretisch gegen die zu verändernde Leitidee sprechen.

Theoretische Argumente gegen die zu verändernde Leitidee	
Argumente gegen Ihre Leitidee:	*Für die Beispielleitidee können dies sein:*
	Auch wenn es möglich wäre, es zu einem gewissen Zeitpunkt allen recht zu machen, kann sich dies immer wieder ändern – ein Spiel ohne Ende würde entstehen.
	Es wird immer Leute geben, die einen nicht mögen.
	Wenn man sich von der Bewertung anderer abhängig macht, wird man fremdgesteuert.
	Auch wenn es gelänge, es allen recht zu machen, würde dies sehr viel Energie kosten, die für andere Aktivitäten fehlen würde.

	Wenn man seine Antennen darauf ausrichtet, was andere von einem halten, wird man automatisch unsicher und erreicht dadurch genau das Gegenteil von dem, was man eigentlich erreichen möchte.

2. Schritt

Überlegen Sie sich, welche Argumente Personen, die für Sie wichtig sind, gegen diese Leitidee vorbringen könnten. Tun Sie dies entweder aus Ihrer Vorstellung heraus oder fragen Sie einfach die entsprechenden Personen.

Einwände, die für Sie wichtige Personen gegen die zu verändernde Leitidee vorbringen könnten	
Einwände gegen Ihre Leitidee:	*Für die Beispielleitidee können dies sein:*
	Werner: „Warum sollte man es allen recht machen? Die anderen versuchen doch auch nicht dauernd, es mir recht zu machen.“

	Politiker müssen bei einem Teil der Menschen unbeliebt sein, damit sie von dem anderen Teil gewählt werden.
	Ein Sprichwort sagt: „Allen Menschen recht getan ist eine Kunst, die niemand kann.“

3. Schritt

Überlegen Sie sich Argumente, die *Sie selbst* gegen die Richtigkeit der zu verändernden Leitidee vorbringen können.

Eigene Argumente, die gegen die Richtigkeit der zu verändernden Leitidee sprechen

4. Schritt

Lernen Sie die Gegenargumente auswendig.

5. Schritt

Durchdenken Sie die Gegenargumente in folgender Reihenfolge möglichst oft:

Reihenfolge bei der Arbeit mit Gegenargumenten

1. Zu verändernde Leitidee
2. Theoretische Gegenargumente
3. Gegenargumente der für Sie wichtigen Personen
4. Ihre eigenen Gegenargumente

Für die Auswahl von Gegenargumenten gilt:

- Je mehr Gegenargumente, desto besser.
- Je mehr Gegenargumente von Ihnen selbst kommen, desto besser.
- Gegenargumente müssen kurz zu beschreiben sein (stichwortartig).
- Sie müssen gut erinnerbar sein.
- Sie müssen so nahe wie möglich an der eigenen „geistigen Sprache“ sein, d. h., sie sollten nicht abstrakt formuliert sein, sondern so, wie Sie selbst im Alltag denken.
- Sie müssen glaubhaft sein.

Ein universelles Gegenargument: Das Relativieren der negativen Konsequenzen

Sehr häufig liegt unproduktiven Leitideen die Befürchtung zugrunde, dass der Verstoß gegen sie negative Konsequenzen nach sich ziehen könnte. Wenn es gelingt, diese Einschätzung zu ändern, verliert die jeweilige Leitidee häufig ihre hinderliche Qualität. Nun ist es ja oft so, dass sich die Einschätzung von Vorgängen, Ergebnissen etc. im Laufe der Zeit ändern kann. Was zuerst als eine Katastrophe bewertet wird, kann sich im Licht späterer Erkenntnisse als weniger katastrophal oder sogar als ein außerordentlicher Vorteil erweisen. Ein Beispiel hierfür ist das Zeppelinunglück vom 5. August 1908 in Echterdingen. Die Träume des Grafen Zeppelin schienen endgültig ausgeträumt zu sein und der Graf war finanziell ruiniert. Soweit die Katastrophe. Nun zur Relativierung: Nach diesem Unglück wurde in ganz Deutschland gespendet, es kamen rund sechs Millionen Reichsmark zusammen, der Luftschiffbau wurde fortgesetzt, das gespendete Geld in eine Stiftung eingebracht und so der Grundstein für die wirtschaftliche Entwicklung der Bodenseeregion gelegt, die bis heute davon profitiert. Das Unglück wurde so zum Anfang des Aufschwungs einer ganzen Region.

Nun soll nicht behauptet werden, dass jedes negative Ereignis langfristig immer positive Entwicklungen nach sich zieht. Es gibt genügend Katastrophen, die einfach nur katastrophal sind. Die Relativierung ergibt sich aber aus der unbestreitbaren Tatsache, dass man aus der derzeitigen Perspektive die Folgen von negativen (und natürlich auch positiven) Ereignissen niemals abschließend beurteilen kann. Es besteht immer die Möglichkeit (nicht aber ein Automatismus), dass sich die Bewertung der Ereignisse im Laufe der Zeit grundlegend ändern kann. Dieser Sachverhalt wird auch in einer chinesischen Legende beschrieben.

Chinesische Legende

Hoch auf einem Felsen, abgeschieden,
Lebten der Alte und sein Sohn
In stiller Eintracht, wohlzufrieden.
Da lief den beiden das Pferd davon.

Der Nachbar, nach geraumer Frist,
Kam, den Verlust mitzubeklagen.
Da hörte er den Alten fragen:
„Wer weiß, ob dies ein Unglück ist?“

Und bald darauf im Walde
Vernahmen sie des Pferdes Tritt,
Das kam und brachte von der Halde
Ein Rudel wilder Rosse mit.
Der Nachbar, schon nach kurzer Frist,
Pries den Gewinn nach Menschenweise.
Da lächelte der Alte leise:
„Wer weiß, ob dies ein Glücksfall ist?“

Nun ritt der Sohn die neuen Pferde.
Sie flogen über Stock und über Stein,
Ihr Huf berührte kaum die Erde,
Da stürzte er und brach ein Bein.

Der Nachbar, nach geraumer Frist,
Kam, um das Leid mit ihm zu tragen.
Da hörte er den Alten fragen:
„Wer weiß, ob dies ein Unglück ist?“

> *Bald tönten Trommeln durch die Gassen:*
> *Es ist die Kriegsproklamation.*
> *Ein jeder muss das Land verlassen.*
> *Doch nicht des Alten lahmer Sohn.*
>
> *Aus: Mascha Kaleko, 1983*

Diese Legende stellt eine gute Metapher dafür dar, wie sich die Einschätzung von Ereignissen verändern kann. Wie bereits vorher erwähnt, ist es günstig, zur Veränderung von Leitideen mit eigenen Beispielen zu arbeiten. Überlegen Sie daher, ob es in Ihrem Leben auch Ereignisse gab, die Sie anfänglich als katastrophal eingeschätzt haben, die sich nachträglich aber als weniger schlimm oder sogar hilfreich erwiesen haben.

Wichtig: Um es noch einmal zu wiederholen: Die Wirkung dieser Technik besteht nicht darin, zu behaupten, negative Ereignisse hätten immer und zwingend längerfristig positive Konsequenzen. Aber genau in der prinzipiellen Möglichkeit, dass sich die Bewertung der im Moment als negativ bewerteten Ereignisse im Laufe der Zeit völlig ändern *kann,* liegt die Wirkung der Relativierung. Wir gehen normalerweise meist davon aus, dass die befürchteten negativen Konsequenzen eintreten müssen und ihre Wirkung auch langfristig negativ ist. Mithilfe der Relativierung wird der Blick dafür geöffnet, dass diese negative Einschätzung grundsätzlich falsch sein *kann,* da es niemandem möglich ist, in die Zukunft zu sehen. Das Ausmaß, in dem wir heute an die längerfristig negativen Konsequenzen von Ereignissen glauben, ist dagegen kein Beweis für die Richtigkeit dieser Annahme.

Das nachfolgend abgebildete Formblatt „Gegenargumente" soll Ihnen wieder die Arbeit mit dieser Veränderungsmethode erleichtern.

Formblatt: Gegenargumente

Zu verändernde Leitidee:

____

____

Welche Argumente könnte man gegen diese Leitidee finden?

____

____

____

Welche Argumente würden Personen, die für Sie wichtig sind, gegen die Leitidee finden?

____

____

____

____

Welche Beispiele können Sie selbst nennen, die gegen die Gültigkeit dieser Leitidee sprechen?

____

____

____

____

____

Wirkungsweise der Methode

Wenn Sie die Gegenargumente häufig durchdenken, halten Sie sie damit ständig im Bewusstsein präsent. Dies führt dazu, dass die zu verändernde Leitidee an Glaubhaftigkeit verliert, Sie werden zunehmend an ihr zweifeln.

Viele „beliebte“ Stress-Leitideen und eine Sammlung von Gegenargumenten dazu finden sich in dem Buch „Fallstricke des Lebens“ von R. Lazarus.

Veränderungsmethode mithilfe formaler Veränderung

Auch durch eine Veränderung der Submodalitäten (sensorische Eigenschaften), in denen die Einstellung als innere Stimme abgespeichert ist, können Sie Ihre Leitideen umwandeln. Dies bewirkt meist eine „Verfremdung“ des Inhalts. Es werden dabei die Eigenschaften der Stimme verändert, mit der man sich die Einstellung innerlich vorsagt. Damit diese Methode erfolgreich ist, sollte so oft wie möglich die verfremdete Einstellung innerlich vorgesagt werden.

Man macht sich dabei die Tatsache zunutze, dass für die emotionale Bedeutung eines Gedankens nicht nur wichtig ist, wie der Gedanke *inhaltlich*, sondern wie er *formal* wahrgenommen wird. Durch eine Veränderung der rein formalen Wahrnehmung von Gedanken kann ihre emotionale Bedeutsamkeit umgewandelt werden. Wenn Sie die nachfolgende Übung zu diesem Thema machen, konzentrieren Sie sich auf die hinderliche Leitidee. Sie wenden sich also aktiv der zu verändernden Leitidee zu, wandeln aber dabei die Modalitäten (Lautstärke, Stimmhöhe, Sprechgeschwindigkeit usw.) um, mit denen sie wahrgenommen wird.

Übung: Submodale Veränderung

Damit diese Übung möglichst wirksam ist, sollten Sie einen ruhigen Ort aufsuchen, an dem Sie ca. 15 Minuten ungestört sind. Da es vielen Menschen leichter fällt, sich mit geschlossenen Augen auf Gedanken zu konzentrieren, sollten Sie versuchen, diese Übung mit geschlossenen Augen durchzuführen. Wenn Ihnen das Schwierigkeiten machen sollte, können Sie die Übung aber auch mit offenen Augen durchführen.

- Suchen Sie sich eine für Sie persönlich hinderliche Leitidee.
- Sagen Sie sich diese innerlich wie ein Endlosband oder eine Schallplatte mit Sprung zwei Minuten lang vor und konzentrieren Sie sich auf die körperlichen Veränderungen, die dabei entstehen.
- Entscheiden Sie nun, welches Geschlecht die Stimme hat, mit der Sie sich den Satz innerlich selbst vorsagen – ist es eine männliche oder eine weibliche Stimme?
- Versuchen Sie dann, den Satz von dem jeweils anderen Geschlecht gesprochen wahrzunehmen. Wenn Sie den Gedanken innerlich von einer weiblichen Stimme gesprochen hören, versuchen Sie, ihn von einer männlichen Stimme gesprochen wahrzunehmen und umgekehrt.
- Kehren Sie jetzt wieder zu der Originalversion des Satzes zurück, sagen Sie sich den Stressgedanken wieder von dem Geschlecht gesprochen vor, mit dem Sie normaler weise den Satz innerlich zu sich selbst sagen.
- Entscheiden Sie dabei nun, ob es eher eine hohe oder tiefe Stimme ist.

- Verändern Sie dann die Höhe der Stimme, stellen Sie sich den Satz einmal ganz hoch und einmal ganz tief gesprochen vor.
- Kehren Sie anschließend wieder zur Originalversion des Satzes zurück, in der Sie ihn sich normalerweise innerlich vorsagen würden.
- Entscheiden Sie nun, aus welcher Richtung Sie den Satz in der Originalversion hören (von vorn, von hinten, von der Seite ...).
- Verändern Sie die Richtung, aus der Sie den Satz hören. Versuchen Sie ihn aus verschiedenen anderen Richtungen gesprochen wahrzunehmen.
- Kehren Sie dann wieder zur Originalversion des Satzes zurück und *nehmen Sie wahr*, ob Sie ihn eher laut oder leise gesprochen innerlich hören.
- Verändern Sie jetzt die Lautstärke, mit der Sie den Satz innerlich hören, und versuchen Sie ihn ganz laut oder ganz leise gesprochen wahrzunehmen.
- Kehren Sie anschließend wieder zu der Originalversion des Satzes zurück und nehmen Sie ihn wieder so wahr, wie Sie ihn normalerweise innerlich zu sich selbst sagen.
- Versuchen Sie dann sich vorzustellen, wie sich der Satz ganz schnell oder ganz langsam gesprochen anhört, und verändern Sie die Geschwindigkeit.
- Kehren Sie danach wieder zur Originalversion des Satzes zurück. Stellen Sie fest, ob Sie den Satz in der Originalversion in Hochdeutsch oder in Dialekt gesprochen hören.
- Versuchen Sie nun, den Satz in einem veränderten Dialekt gesprochen wahrzunehmen.
- Vielleicht gelingt es Ihnen auch, den Satz in einer Fremdsprache gesprochen wahrzunehmen.

- Kehren Sie dann wieder zu der Originalversion des Satzes zurück. Nehmen Sie den Satz wieder so wahr, wie Sie ihn normalerweise zu sich selbst sagen würden.
- Stellen Sie sich nun den Satz auf eine gesungene Art und Weise vor.
- Sagen Sie sich danach den Satz innerlich wieder in der Originalversion vor.
- Versuchen Sie nun, ob es Ihnen gelingt, sich den Satz von Ihrem Lieblingskomiker gesprochen vorzustellen.
- Rufen Sie sich schließlich noch einmal diejenige Veränderung in Erinnerung, die die Bedeutung des Satzes für Sie am meisten verändert hat – sei es das Geschlecht, die Höhe, die Richtung der Stimme, die Lautstärke, die Geschwindigkeit, der Dialekt, die Stimme in einer Fremdsprache, von einem Komiker gesprochen oder die Stimme gesungen.

Sagen Sie sich die hinderliche Leitidee zum Abschluss der Übung noch einige Male in dieser für Sie den Satz am deutlichsten verändernden Form innerlich vor.

Sehr oft führt eine oder mehrere dieser submodalen Veränderungen dazu, dass die hinderliche Leitidee als irreal, als nicht zu einem selbst gehörig erlebt wird. Manchmal wird sie durch diese Art der Veränderungen sogar lächerlich, lustig, witzig. Die Wandlung von Leitideen mithilfe dieser Technik wird häufig damit beschrieben, dass sie schwerer vorstellbar, weniger bedrohlich, befremdlich, irrelevant, als räumlich und bedeutungsmäßig weiter entfernt wahrgenommen wird.

Wenn Sie eine hinderliche Leitidee in ihrer emotionalen Qualität so verändern können, dass sie als lächerlich, nicht zu Ihnen gehörig erlebt wird, hat sie ihre hinderliche Eigenschaft eingebüßt und ist somit wirkungslos. Gelegentlich macht es nach einigen dieser submodalen Veränderungen sogar Schwierigkeiten, sich die Leitidee in der Originalversion vorzustellen. Wenn Sie keine Veränderung in der emotionalen Qualität der Leitidee bemerken, kann dies mehrere Ursachen haben:

Mögliche Probleme bei der submodalen Veränderung und ihrer Beseitigung

- Sie haben sich vielleicht nicht genug konzentriert. Versuchen Sie diese Übung zu einem anderen Zeitpunkt, in einer entspannten Situation.
- Die Leitidee kann zu schwach sein. Suchen Sie sich dann eine neue, für Sie bedrohlichere Leitidee und führen Sie die Übung damit durch.
- Wenn all dies nichts bewirkt, ist vielleicht eine andere der oben beschriebenen Veränderungstechniken für Sie effektiver.

Anwendung der Methoden

Bitte beachten Sie die folgenden Hinweise, damit Sie einen möglichst großen Erfolg erzielen, wenn Sie die beschriebenen Methoden zur Veränderung von Einstellungen anwenden.

Hinweise zur Anwendung der beschriebenen Veränderungsmethoden

- Üben Sie möglichst oft.
- Üben Sie in einer Umgebung, in der wenige Störreize (Lärm etc.) vorhanden sind.
- Wenn Sie ein Entspannungsverfahren beherrschen, so üben Sie nach der Entspannung.
- Sie werden mindestens ca. 100 der oben beschriebenen Durchgänge brauchen, um eine Veränderung zu bemerken.
- Sie können bei der im Abschnitt „Veränderungsmethoden mithilfe von Konsequenzen" beschriebenen Methode auch mit wechselnden positiven und negativen Konsequenzen arbeiten.
- Je mehr und je spezifischere Gegenargumente bzw. Vor- und Nachteile Sie bei der Anwendung der im Abschnitt „Veränderungsmethoden mithilfe von Gegenargumenten" beschriebenen Methode finden, desto schneller und deutlicher tritt der Veränderungseffekt ein.
- Achten Sie genau auf die zuvor beschriebene Abfolge der Vorstellungen.

Die beschriebenen Gedankengänge müssen „automatisiert" werden. Dies wird erst mit einiger Übung erfolgen können. Den Erwerb einer Wunscheinstellung kann man sich als eine Abfolge von fünf Schritten vorstellen:

Auf der ersten Stufe erfolgt eine „theoretische", intellektuelle Entscheidung für die Wunschleitidee. Man hat eine Leitidee als hinderlich identifiziert und hätte gern eine andere, nützlichere Leitidee. Auf der zweiten Stufe erfolgt dann die Festlegung der Übungsschritte. Die zuvor beschriebenen Gedankengänge werden häufig durchlaufen. Ist dies oft genug geschehen, so kommt es irgendwann zu einem Widerspruch zwischen „Kopf und Bauch“. Auf dieser dritten Stufe hat man dann den Eindruck, sich mit der neuen, als hilfreicher erkannten Leitidee nur etwas vorzusagen oder einzureden, an das man innerlich (noch) gar nicht glaubt. Auf der vierten Stufe erfolgt schließlich eine Übereinstimmung zwischen „Kopf und Bauch“: Die theoretische, intellektuelle Einsicht verwandelt sich in eine gefühlsmäßige, emotionale Einsicht. Diese nun in „Fleisch und Blut“ übergegangenen Einsichten etablieren sich auf der fünften Stufe zu neuen Denkgewohnheiten.

Stufen der Veränderung einer Leitidee

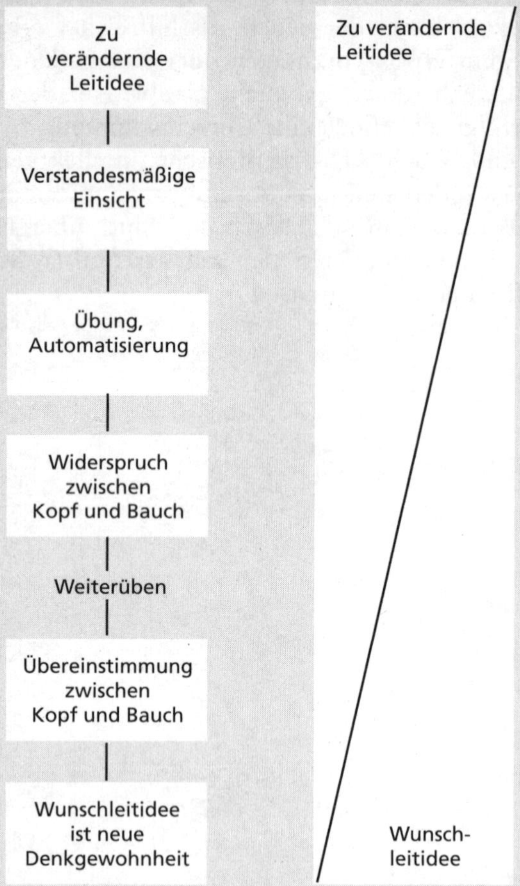

Kapitel 8:

Verhaltensänderung

In diesem Kapitel geht es nun darum, einige Prinzipien zu beschreiben, nach denen man die in den vorausgegangenen Kapiteln erläuterten Techniken zum Kontern von Manipulationsversuchen, zum Formulieren konstruktiver Kritik oder zum Stellen bzw. Ablehnen von Forderungen im alltäglichen Leben gewohnheitsmäßig einsetzen und somit das eigene Verhalten gezielt verändern kann. Hier ist es hilfreich, die dabei relevanten Mechanismen zu verstehen und konsequent anzuwenden.

Der erste Schritt zur Verhaltensänderung ist sicherlich die Beschaffung von Information. Dies kann z. B. durch das Lesen von Büchern geschehen. Wenn es allein dabei bleibt, wird das erworbene Wissen jedoch eher theoretisch und abstrakt sein. Ihr Verhalten in konkreten Situationen wird sich so nur wenig ändern. Die in diesem Kapitel beschriebenen Prinzipien des Verhaltenstrainings sollen es Ihnen erleichtern, das jeweilige Zielverhalten auch tatsächlich effektiv einzusetzen.

Die Selbstsicherheitspyramide

Wie entsteht das Bild, das man von sich selbst hat? Wie kommt z.B. die Vorstellung in den Kopf, man sei selbstsicher oder weniger selbstsicher? Dieses Selbstbild könnte im Prinzip angeboren, „natürlich" sein, so, wie es momentan ist. Die Forschung spricht jedoch dafür, dass nur ein sehr geringer Teil unseres Verhaltens oder gar

Selbstsicherheitspyramide

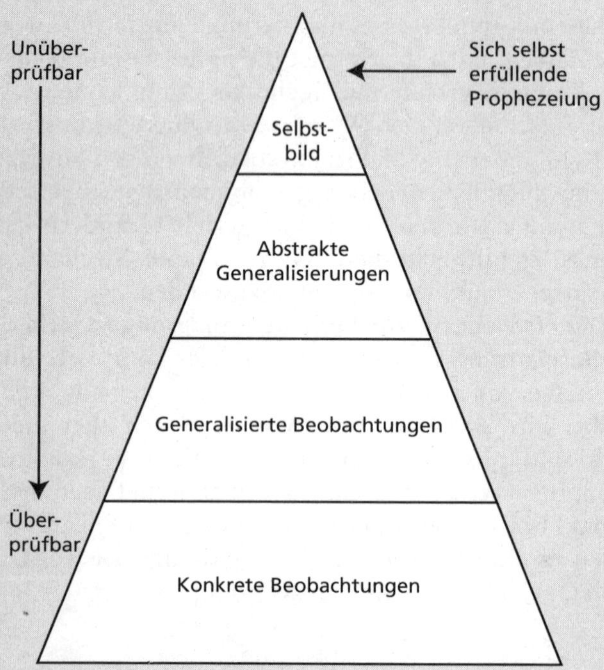

unseres Selbstbildes von Geburt an festgelegt ist. Ein anderer Prozess scheint dagegen für die Entstehung von Selbstbildern generell und für das Selbstbild der eigenen Selbstsicherheit im Besonderen von größerer Bedeutung zu sein. Bei der Entwicklung des Selbst-„Bildes“ betrachten wir unser Verhalten ähnlich, wie ein außenstehender Beobachter dies tun würde. Das Selbstbild ist dabei hierarchisch aufgebaut. Am Anfang stehen konkrete

Beobachtungen, z. B. im Umgang mit anderen Menschen. Wenn wir dabei immer wieder Ähnliches feststellen, so führt dies zu einer Generalisierung dieser Beobachtungen. Wenn solche Generalisierungen häufig in eine ähnliche Richtung gehen, so werden sie noch etwas abstrakter. Die Menge unserer abstrakten Generalisierungen stellt dann unser Selbstbild dar. Da dieser Prozess hierarchisch aufgebaut ist, spricht man auch von der *Selbstbildpyramide*.

Dieser Prozess soll am Beispiel des Tennisspiels näher verdeutlicht werden: Auf der Ebene der konkreten Beobachtungen kann es natürlich sein, dass man während eines Spiels einmal den Ball ins Aus schlägt. Passiert das innerhalb eines Spiels öfter, so wird man auf der Ebene der generalisierten Beobachtungen sagen: „Das war ein schlechtes Spiel." Kommt dies in vielen Spielen vor, so wird man irgendwann auf der Ebene der abstrakten Generalisierungen von sich selbst sagen, man sei ein schlechter Tennisspieler. Wenn man zusätzlich auch noch im Schwimmen und im Skifahren schlecht ist, so wird man als einen Teil des Selbstbildes von sich sagen, man sei ein schlechter Sportler. Diese Aussage kann dann leicht zu einer sich selbst erfüllenden Prophezeiung werden, wenn man fest an sie glaubt. Man wird schließlich z. B. an andere Sportarten mit einer gewissen Skepsis herangehen und schon einmal davon ausgehen, dass man sowieso schlecht spielen wird. Wenn man nun z. B. beim Handballspielen ein paar gute Würfe macht, wird man dies sehr wahrscheinlich als Zufall ansehen und trotzdem die generelle Ansicht, man sei ein schlechter Sportler, beibehalten.

Ebenso verhält es sich in Bezug auf Manipulationen. Wenn man z. B. in einzelnen (vielleicht auch vorher geübten) Situationen gezielt die verbalen Angriffe eines

Gegners konterte, so könnte man das sicher noch für eine einzelne, untypische Reaktion halten. Gelingt es einem öfter, so wird man es mit der Zeit als ein eher typisches eigenes Verhalten ansehen. Wenn man dieses Verhalten jedoch über viele Situationen und auch zahlreiche Personen hinweg zeigt, bleibt nach einiger Zeit gar nichts anderes übrig, als dieses Verhalten als für sich selbst typisch und zu einem gehörig zu betrachten.

Ein Selbstbild ist dann, wenn es sich erst einmal etabliert hat, aus verschiedenen Gründen relativ schwer zu ändern. Es ist durch einzelne konkrete Beobachtungen nur noch schwer zu erschüttern, da diese als „Ausrutscher" gewertet werden, die nicht geeignet sind, die generelle Richtigkeit der Annahmen, aus denen das Selbstbild besteht, zu widerlegen. Wie eben schon angesprochen, können solche generellen Annahmen leicht zu sich selbst erfüllenden Prophezeiungen werden, da man genau das tut, was dem eigenen Selbstbild entspricht. Dazu kommt, dass wir alle dazu neigen, unser Weltbild und auch unser Selbstbild als Teil unseres Weltbildes möglichst konstant zu halten und dadurch eine Stabilität in der Wahrnehmung der Welt und in der Selbstwahrnehmung zu erreichen.

Wie kann man nun sein Selbstbild ändern? Es gibt prinzipiell zwei Wege: Man kann einerseits möglichst viele dem Selbstbild widersprechende Beobachtungen sammeln und durch ihre Häufigkeit Änderungen in den generalisierten Beobachtungen, den abstrakten Generalisierungen und somit im Selbstbild erreichen (Veränderung von unten nach oben). Man kann andererseits auch direkt die Überzeugungen bearbeiten, die unser Selbstbild ausmachen (vgl. Kapitel 7).

Veränderung von unten nach oben (Generalisierung)

Eine Möglichkeit der Verhaltensänderung ist, neues Verhalten in konkreten Situationen einzusetzen. Wenn dies häufig und über verschiedene Situationen hinweg geschieht, so werden sich dadurch im Laufe der Zeit neue Verhaltensgewohnheiten entwickeln. Die Erfahrungen damit werden generalisiert und schließlich zu veränderten Leitideen und Bewertungen von Situationen führen. Dieser Weg der Verhaltensänderung erfolgt „von unten (Verhalten in Situationen) nach oben (Leitideen und Bewertungen)".

Veränderung von oben nach unten (Spezialisierung)

Die andere Möglichkeit der Verhaltensänderung besteht darin, die generellen Leitideen und Bewertungen direkt zu verändern (vgl. Kapitel 7) und daraufhin die verwandelten Einschätzungen, Einstellungen und Bewertungen in konkreten Situationen zu prüfen. Wenn die neuen Leitideen und Bewertungen positive Veränderungen hervorrufen, so werden sie sich verfestigen. Die Verhaltensänderung erfolgt dann „von oben (Leitideen und Bewertungen) nach unten (Verhalten in konkreten Situationen)".

Zwei Methoden der Verhaltensänderung

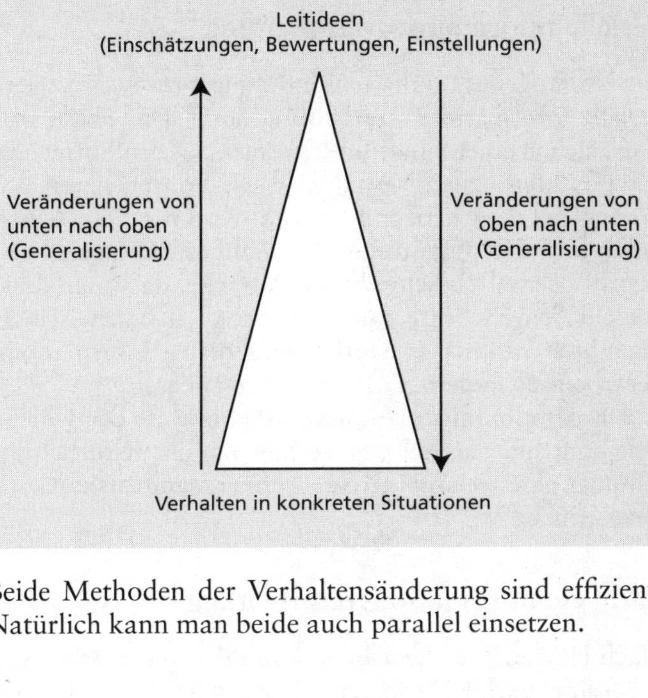

Beide Methoden der Verhaltensänderung sind effizient. Natürlich kann man beide auch parallel einsetzen.

Von der seriellen zur parallelen Informationsverarbeitung

Eine bewusst gesteuerte Verhaltensänderung benötigt Aufmerksamkeitskapazität. Unser Gehirn kann dazu, ähnlich einem Computer, Informationen parallel oder seriell verarbeiten. In verschiedenen Phasen des Erwerbs neuer Verhaltensweisen erfolgt die Informationsverarbeitung dabei auf unterschiedliche Art und Weise.

Serielle Informationsverarbeitung

Am Anfang des Verhaltensänderungsprozesses ist eine serielle Informationsverarbeitung nötig. Das heißt, man muss sich in einer Situation sehr stark auf den Einsatz der gewünschten neuen Verhaltensweise konzentrieren. Ein großer Teil der geistigen Kapazität wird für die bewusste Steuerung des angestrebten Verhaltens gebraucht. Der Begriff „seriell" beschreibt die Tatsache, dass man dabei verschiedene Schritte nur in Serie, d. h. nacheinander ausführen kann. Das Motto der seriellen Informationsverarbeitung lautet: „Eins nach dem anderen."

Die serielle Informationsverarbeitung ist der willentlich kontrollierte Teil des Verhaltens, der natürlich am Anfang eine relativ große Aufmerksamkeitskapazität beansprucht.

Parallele Informationsverarbeitung

Nach einiger Zeit der Übung kann die Informationsverarbeitung parallel erfolgen, d. h., man kann mehrere unterschiedliche Aktivitäten gleichzeitig tun. Man braucht dann nur noch wenig gedankliche Kapazität für die Verhaltensänderungstechniken und kann sich dagegen fast voll auf die Situation konzentrieren. Im Gegensatz zur seriellen Verarbeitung ist es möglich, zwei oder mehrere Dinge gleichzeitig, parallel ablaufend, zu tun. Man kann sich also etwa auf die Situation konzentrieren und gleichzeitig (parallel) dazu überprüfen, ob eine Formulierung tatsächlich eine Forderung ist. Durch

Übung werden der anfänglich Aufmerksamkeit verschlingende serielle Kontroll- und Veränderungsprozess zunehmend automatisiert und der Teil der dazu notwendigen Aufmerksamkeit kontinuierlich geringer. Dieser Prozess von der seriellen zur parallelen Verarbeitung läuft immer dann ab, wenn wir neue Verhaltensweisen erlernen, wie z. B., in England Auto zu fahren oder uns mit der linken Hand die Zähne zu putzen.

Zeitliche Vorverlagerung der Reaktion

Neue Verhaltensweisen erlernt man genauso wie neues Bewegungsverhalten, z. B. das Skifahren. Wenn man das erste Mal über eine Buckelpiste fährt, wird man dabei wahrscheinlich relativ schnell stürzen. Fragt man nun jemanden um Rat, wie man diese Situation besser meistern könnte, so klingen die Ratschläge und Erklärungen meist sehr plausibel. Wenn man dann versucht, sie auch umzusetzen, so wird das meist nicht auf Anhieb gelingen. Aber jetzt, da man die Wirkungszusammenhänge kennt, weiß man, was man falsch gemacht hat. Im nächsten Schritt erkennt man dann bereits, während man den Fehler begeht, dass man etwas falsch macht – nur hat man keine Zeit mehr, ihn zu korrigieren. Aber man ist sich darüber klar: „Im letzten Moment hätte ich ... machen müssen." Nach einiger Übung antizipiert man schließlich die Situation und hat somit noch genügend Zeit, steuernd einzugreifen, denn man hat die Ausführung des Zielverhaltens weit genug nach vorn verlagert. Somit wurde eine neue Bewegung bzw. Verhaltensweise erlernt. In Bezug auf unsere Reaktionen gegenüber Manipulationen ist der gleiche Prozess von Bedeutung. Man muss möglichst frühzeitig erkennen, wenn Manipulationsversuche stattfinden, um möglichst schnell intervenieren zu können (vgl. Kapitel 1).

Üben, wenn man die Techniken gerade nicht braucht

Es ist wenig sinnvoll, neue Verhaltensweisen erst dann erlernen zu wollen, wenn man sie bereits benötigt. Vielmehr sollte dies „auf Vorrat" geschehen, denn es geht dann am besten, wenn man sich nicht aktuell in einer schwierigen Situation befindet, wenn man die gewünschte neue Verhaltensweise gerade *nicht* benötigt. In schwierigen Situationen läuft unser Verhalten weit gehend automatisch ab, deshalb ist dann die Gelegenheit, um prinzipiell neue Reaktionsweisen zu erdenken und auszuprobieren, relativ ungünstig.

Um neues Verhalten flexibel einsetzen zu können, müssen die Techniken im „Trockentraining" so gut geübt werden, dass man über die korrekte Ausführung in der realen Situation nicht mehr nachzudenken braucht (dieses Nachdenken wäre dann sehr ineffektiv). Man sollte die Aufmerksamkeit in der realen Situation nur noch darauf richten müssen, *dass* man die Techniken einsetzt, und nicht darauf, *wie* sie detailliert funktionieren.

Das neue Verhalten mental üben

Man kann sich durch mentales Training gezielt darauf vorbereiten, das neue Verhalten in bestimmten Situationen einzusetzen. Häufig wird man ja nicht ganz von den situativen Gegebenheiten überrascht, sondern man befindet sich oft in ähnlichen oder im Prinzip vorhersehbaren Situationen. Gerade in länger andauernden Beziehungen ist dies in der Regel der Fall. Meist sind es auch genau diese eingefahrenen Verhaltensmuster, die lästig sein können. Die Techniken des vierten Kapitels stellen in diesem Fall eine besonders effektive Methode der Musterdurchbrechung dar.

Wirkungsweise mentaler Techniken

Um die Wirkungsweise mentaler Techniken zu verdeutlichen, kann man folgendes Experiment machen:

Experiment zur Verdeutlichung der Wirkungsweise mentaler Techniken

Vorbereitung

Sie benötigen dazu einen ca. 20 cm langen Faden, an dem ein kleines Gewicht (Unterlegscheibe, Schraube ...) befestigt ist. Diese Konstruktion dient als Pendel. Weiter brauchen Sie ein Blatt Papier, auf dem Sie eine Windrose aufzeichnen. Legen Sie das Blatt vor sich auf den Tisch. Halten Sie das Pendel so, dass Sie den Faden zwischen zwei Fingerspitzen haben, legen Sie den Ellenbogen dabei nicht auf der Tischplatte auf. Die Pendelspitze soll sich in der Mitte der Windrose, ca. 2 cm über dem Blatt befinden.

Durchführung

Stellen Sie sich nun vor, dass sich das Pendel in die Nord-Süd-Richtung Ihrer Windrose bewegt – ohne die Bewegung bewusst mit den Fingern auszuführen, sondern nur, indem Sie sich ein möglichst genaues Vorstellungsbild davon machen, wie es aussehen würde, wenn sich das Pendel tatsächlich in die Nord-Süd-Richtung bewegen würde. Stellen Sie sich diese Bewegung des Pendels einige Zeit vor. Sie werden dabei bemerken können, dass es sich tatsächlich in die Richtung bewegt, die Sie sich intensiv vorgestellt haben.

Anordnung zur Durchführung des Pendelversuchs

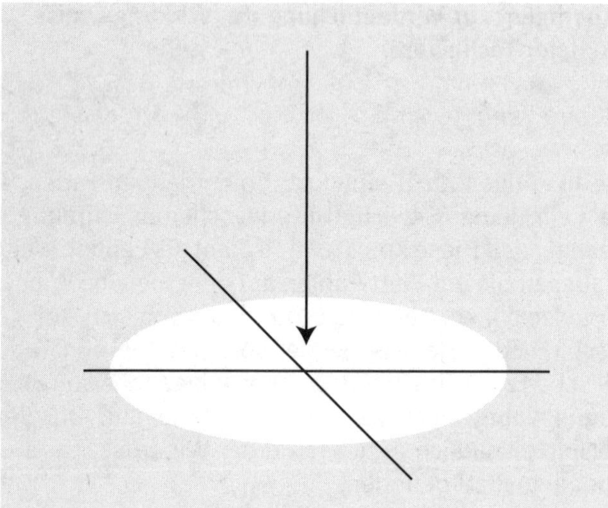

Stellen Sie sich dann vor, dass das Pendel sich in die Ost-West-Richtung bewegen würde, machen Sie sich wiederum ein möglichst genaues Vorstellungsbild davon, wie das aussehen würde. Tun Sie dies wiederum nicht, indem Sie die Bewegung absichtlich mit Ihren Fingern herbeiführen, sondern nur durch Ihre Vorstellung. Sie werden nach einiger Zeit bemerken, dass sich das Pendel tatsächlich – vielleicht am Anfang noch schwach, um dann stärker zu werden – in die Richtung bewegt, wenn Sie sich dies intensiv vorgestellt haben. Sie können dies mit anderen Bewegungen des Pendels, die Sie sich vorstellen, wiederholen (diagonal, Kreisbewegung ...). Wichtig dabei ist nur, dass Sie sich die gewünschte Bewegung intensiv und plastisch vorstellen und dass sie überhaupt möglich ist (z. B. kann sich das Pendel natürlich nicht auf und ab bewegen).

Wie kann man diesen Effekt erklären? Das Ganze hat natürlich nichts mit einem „magischen“ Einfluss der Gedanken auf das Pendel oder ähnlichen obskuren Phänomenen zu tun. Es passiert Folgendes: Wenn wir uns eine Bewegung vorstellen, ohne sie bewusst auszuführen, dann senden die Nerven bereits Impulse an die Muskulatur. Sie geben Befehle an dieselben Muskelgruppen, die die Bewegung tatsächlich ausführen. Diese Befehle (neuronale Impulse) sind jedoch von sehr geringer Stärke – geringer als die tatsächlichen Impulse zur Bewegungsausführung –, der Impuls ist „unterschwellig“. Dieser Sachverhalt ist bekannt als „Carpenter-Effekt“.

In unserem Fall bewegen sich die Muskeln der Fingerspitzen, mit denen Sie den Faden halten, mit minimalem Ausschlag genau so, als ob Sie das Pendel tatsächlich in die vorgestellte Richtung bewegen würden. Der Körper führt diese Bewegungen „unbewusst“ aus. Durch das „Pendel“ wird diese minimale Bewegung sehr verstärkt und somit sichtbar gemacht. Achten Sie darauf, dass das Pendel nur die Bewegungen ausführen kann, die Sie selbst sich vorstellen. Es wird sich nur in die beschriebenen Richtungen bewegen, wenn Sie sich in Ihrer Vorstellung an die zuvor aufgeführte Instruktion halten. Wenn Sie sich z. B. während der Instruktion „Das Pendel bewegt sich von rechts nach links“ etwas anderes vorstellen (z. B., dass sich das Pendel im Kreis bewegt), so wird es sich natürlich *nicht* von rechts nach links bewegen. Niemand anders als Sie selbst hat Einfluss auf die Bewegung des Pendels, das Sie mit den Fingerspitzen halten.

Anhand des Pendeleffekts kann man sich die Wirkung mentaler Techniken zur Ausführung des Zielverhaltens erklären: Wenn wir uns etwas intensiv und plastisch vorstellen, tut unser Körper – unterschwellig – genau das. So ist eine Art „Trockentraining“ möglich und das Zielerreichungsverhalten wird gewissermaßen unterschwellig eintrainiert, einprogrammiert.

Anmerkung

Achten Sie bei der Anwendung mentaler Techniken darauf, dass Sie nur mit *Verhalten* arbeiten, das notwendig ist, um Ihre Ziele zu erreichen. Konzentrieren Sie sich dabei auch nur auf Zielerreichungsverhalten, das *Sie selbst* ausführen können. Nur auf Ihr eigenes Verhalten haben Sie – und nur Sie – unmittelbaren Einfluss. Es ist völlig unmöglich, das Verhalten *anderer Personen* durch mentale Techniken zu beeinflussen! Ebenso wenig können Sie physikalische Gegebenheiten außerhalb Ihres Körpers durch mentale Techniken beeinflussen. Das Pendel, das jemand anders in den Fingern hält, wird sich nur in die Richtung bewegen, die sich diese Person vorstellt. Ein anderer Mensch hat darauf keinerlei Einfluss.

Vielleicht werden sich andere Personen später aufgrund Ihres Verhaltens Ihnen gegenüber anders verhalten. Dies ist jedoch allein der Effekt des gezeigten Zielerreichungsverhaltens in einer sozialen Situation. Es ist nie die direkte Auswirkung eines mentalen Trainings auf andere Personen oder Gegenstände. Man kann zwar mit der Art des Denkens starken Einfluss auf sich selbst ausüben, niemals jedoch auf andere Personen oder Dinge.

Mentale Übung

Um ein beabsichtigtes Verhalten mental zu trainieren, kann man folgende Übung machen. Man vergegenwärtigt sich dabei die entsprechende Situation und das gewünschte Verhalten.

Übung zum Trainieren des Zielverhaltens

Worin besteht Ihr Zielerreichungsverhalten?

____

____

____

In welcher Situation wollen Sie das Zielerreichungsverhalten zeigen?

____

____

____

Zu welchem Zeitpunkt wollen Sie sich so verhalten?

____

____

____

An welchem Ort wollen Sie das Zielerreichungsverhalten zeigen?

____

____

____

Was passiert, unmittelbar bevor Sie sich so verhalten?

____

____

____

Um mit dieser Übung maximale Effekte zu erzielen, sollten Sie folgendermaßen vorgehen:

Anwendung der Vorstellungsübung

- Führen Sie die Übung möglichst häufig durch.
- Legen Sie nach jeder Übung eine Pause von ein bis zwei Minuten ein.
- Üben Sie maximal fünf Mal hintereinander.
- Machen Sie vorher Entspannungsübungen (z. B. die in Kapitel 6 beschriebenen Atemübungen).

Flexibler Einsatz des Verhaltens

Die in diesem Buch beschriebenen Techniken sollen dazu dienen, das eigene Verhaltensrepertoire zu erweitern, neue Handlungsmöglichkeiten zu den bereits bestehenden zu erschließen. Ein Verhaltenstraining soll nicht dazu führen, sich *immer* in einer gewissen Art und Weise zu verhalten, es sollte jedoch Möglichkeiten aufzeigen, wie man sich *auch* verhalten kann, wenn es die jeweilige Situation erfordert.

Verhaltenstraining

Damit neues Verhalten in Fleisch und Blut übergeht, muss es trainiert werden. Als Voraussetzung dafür ist es natürlich notwendig, sich der relevanten Mechanismen bewusst zu werden, die in Zusammenhang mit dem Zielverhalten stehen. Als Nächstes kann man lernen, das Zielverhalten prinzipiell auszuführen. Das kann zum Beispiel mithilfe eines Buches oder dem Besuch eines Seminars geschehen. Um das Verhalten jedoch zu automatisieren, muss man es regelrecht trainieren.

Es ist genau wie bei einem sportlichen Training. Man muss z.B. über den optimalen Bewegungsablauf eines Schlages bei einem Ballspiel prinzipiell Bescheid wissen und auch den entsprechenden Schlag unter Anleitung geübt haben. Der Schlag wird jedoch erst dann automatisiert und in das Verhaltensrepertoire aufgenommen, wenn er möglichst oft trainiert wurde.

Eine sehr gute Übung, um etwa das eindeutige Stellen einer Forderung permanent zu trainieren, ist, Passanten anzusprechen und mit einer eindeutigen Forderung den Weg zu irgendeinem Ziel zu erfragen. Man kann sich dazu die entsprechende (eindeutige) Formulierung vorab überlegen und dann real einsetzen. Optimal ist es, wenn man einen „Beobachter" dabei hat, der sich auf Ihre Formulierung konzentrieren und Rückmeldung darüber geben kann, ob Sie Nichtforderungen verwendet haben.

„Rückfall"

Wenn man versucht sein Verhalten zu ändern, so wird dies nicht auf einen Schlag zu 100 Prozent funktionieren, es wird immer wieder „Rückfälle" in alte Verhaltensweisen geben. Darüber sollte man sich von vornherein im Klaren sein. Eine Verhaltensänderung erfolgt in der Regel nicht sprunghaft. Nach Prochasa und DiClemente (1992) vollzieht sie sich in fünf Phasen:

1. Phase

Eine Verhaltensänderung wird gar nicht in Betracht gezogen, weil man sie nicht als wichtig erachtet, andere Ziele momentan bedeutsamer sind, man sich nicht in der Lage sieht, sein momentanes Verhalten zu ändern, oder kein Wissen um seine eventuellen negativen Konsequenzen besitzt.

2. Phase

Man denkt ernsthaft über eine Verhaltensänderung nach. Man ist offen für neue Informationen und sucht aktiv danach. Noch ist nicht klar, welchen Aufwand die

Verhaltensänderung bedeuten würde, ebenso ist das Verhältnis von Aufwand und Nutzen ungeklärt.

3. Phase

Man ist zu Veränderungen bereit und plant sie bereits. Neues Verhalten wird ausprobiert, es wird geprüft, wo die Schwierigkeiten und Barrieren liegen, die es erschweren würden.

4. Phase

Man entwickelt neue Verhaltensweisen. Diese sind auch für außen Stehende zu erkennen.

5. Phase

Das neue Verhalten wird aufrechterhalten und immer mehr automatisch ausgeführt.

Die beschriebenen fünf Phasen werden nun in der Regel nicht linear nacheinander durchlaufen, sondern es kommt sehr wahrscheinlich zu einem Hin- und Herschwanken zwischen einzelnen Stadien. Man kann auch in der einen oder anderen Phase hängen bleiben (viele Handlungen, die wir planen, werden nie ausgeführt) oder einen „Rückfall“ erleiden. Letzterer stellt ein in jeder Phase (außer der ersten) normalerweise auftretendes „Pendeln“ zwischen verschiedenen Stadien dar. Der „Rückfall“ ist also eher der Normalfall des Schwankens zwischen verschiedenen Phasen des Verhaltenserwerbs. Er tritt besonders häufig in Situationen auf, in denen man sich emotional beeinträchtigt fühlt (Angst, Ärger ...), bei zwischenmenschlichen Konflikten und in Situationen, die sozialen Druck erzeugen (Gruppenzwang).

Phasenmodell der Verhaltensveränderung nach Prochasa und DiClemente (1992)

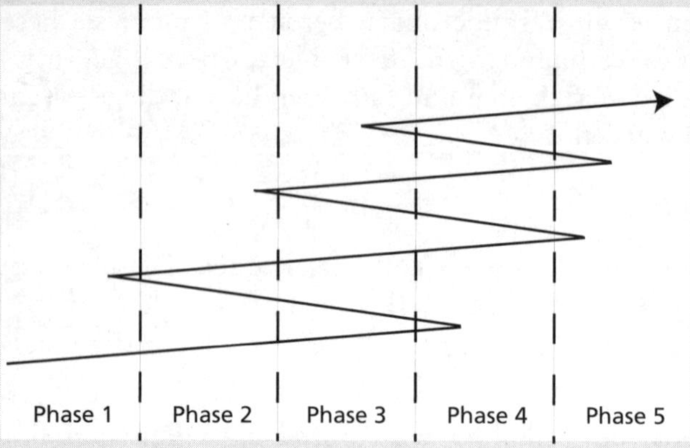

Inkubation

Der Begriff der Inkubation in unserem Zusammenhang bedeutet Folgendes: Es ist ähnlich wie bei einer Infektion (z. B. bei einer grippalen Infektion): Es dauert einige Zeit von der eigentlichen Infektion bis zu dem Zeitpunkt, an dem die Symptome bemerkbar sind. In der Zwischenzeit passiert nichts Merkliches, obwohl bereits ein Veränderungsmechanismus in Gang gesetzt ist. Einige Zeit später wird die Veränderung dann unvermittelt deutlich. Offenbar benötigt auch das Erlernen von neuem Verhalten manchmal eine solche „Inkubationszeit", in der die Lerninhalte irgendwo abgelegt sind und momentan nichts oder nur wenig sicht- oder spürbar bewirken.

Doch ähnlich wie bei einer körperlichen Infektion ist der Prozess der Veränderung bereits in Gang gesetzt.
Ein Grund für diesen Inkubationseffekt kann zu einem guten Teil die Beseitigung einer „Hyper-Intention" sein. Damit wird der Effekt beschrieben, dass man sich manchmal – wenn man eine Sache zu intensiv betreibt – so tief in etwas verrennt, dass man den Wald vor lauter Bäumen nicht mehr sieht. Ein gewisser Abstand zu der eigenen Anstrengung ist in solchen Fällen förderlich.

Gründe für Schwierigkeiten bei der Verhaltensänderung

Das Erlernen neuer und das Verlernen alter Verhaltensweisen werden von den meisten Menschen als ein eher schwieriger Prozess empfunden. Nachfolgend sind einige Überlegungen dazu aufgeführt, die Ihnen dabei hilfreich sein können, auch bei Problemen mit der Veränderung weiter in Richtung des gewünschten Zielverhaltens voranzukommen.

Lernen in der Kindheit

Sehr viele Verhaltensweisen werden in der Kindheit erworben – dabei fallen zwei Tendenzen zusammen, die sich unter gewissen Bedingungen auch noch gegenseitig verstärken können. Erstens sind die Lernfähigkeit und die Lernwilligkeit infolge des rasanten Wachstums des Nervensystems in der Kindheit besonders groß. Zweitens ist die Kritikfähigkeit gegenüber der Umwelt noch sehr schwach ausgeprägt. Deshalb erlernt man in der Kindheit auch ungünstige Verhaltensweisen besonders gut. Man kann diesen Sachverhalt nun als Entschuldigung dafür verwenden, dass man so ist, wie man ist, oder man nimmt es zur Kenntnis und beginnt trotz der Schwierigkeiten mit der Veränderung.

Das neue Verhalten wirkt unnatürlich

Neue Denkmuster und neue Verhaltensweisen werden zunächst natürlich als fremd empfunden – das ist ganz normal. Mit neuen Denk- und Verhaltensweisen verhält es sich wie mit neuen Schuhen: Am Anfang passen sie nicht (zu einem), mit der Zeit jedoch werden sie immer bequemer und irgendwann passen sie wie angegossen. Seien Sie sich daher bewusst, dass die neuen Denk- und Verhaltensweisen am Anfang noch als fremd erscheinen *müssen*, nehmen Sie gerade dies als ein Anzeichen der einsetzenden Veränderung. Wenn Sie sich weiterhin genau so verhalten würden, wie Sie es immer getan haben, würde Ihnen nichts fremdartig vorkommen – und Sie würden sich nicht weiterentwickeln.

Die Verhaltensänderung erfordert Arbeit

Ähnlich wie es in der Physik eine „Trägheit" gibt, scheint es auch eine Trägheit, ein Beharrungsvermögen im Verhalten zu geben. Genau wie im physikalischen Bereich erfordert es die Zufuhr von Energie, um diese Trägheit zu überwinden. Am Anfang muss man sich intensiv auf Abläufe konzentrieren, um sie gegenüber dem bisherigen, routinierten Vorgehen verändern zu können. Dies erfordert Aufmerksamkeit und geistige Kapazität, die bisher „gespart" wurden. Halten Sie sich daher die Ziele Ihrer geplanten Verhaltensänderung vor Augen, denken Sie daran, dass der Aufwand mit jedem Übungsdurchgang geringer werden wird. Letztendlich wird man immer nur die Ziele verwirklichen, deren Erreichung für den dazu notwendigen Aufwand zur Überwindung dieser Trägheit entschädigt.

Uneindeutigkeit bedeutet Unsicherheit

Wenn man sich anders verhalten will als bisher, geht man ein gewisses Risiko ein, weil man den Effekt der neuen Verhaltensweisen noch nicht genau vorhersagen kann. Wir streben prinzipiell danach, in einer möglichst vorhersehbaren und kalkulierbaren Welt zu leben. Dieses Streben trägt dazu bei, das momentane Verhalten beizubehalten, da es einen stabilen und bekannten Faktor in unserem Leben darstellt. Neues Verhalten dagegen bedeutet Unsicherheit bei dessen Ausführung, bezüglich der eigenen Reaktionen darauf und der Reaktionen anderer Menschen auf die geänderten Verhaltensweisen.

Literatur

Ajzen, I. & Fishbein, M. (1977): *Attitude-behaviour-relations: a theoretical analysis and review of empirical research*. Psych. Bullet. (84)

Bosetzky, H. (1980): *Macht und die möglichen Reaktionen der Machtunterworfenen*. In: Reber: „Macht in Organisationen", Stuttgart

Burns, T. (1961): *Micropolitics: Mechanism of Institutional Change*. Administrative Science Quarterly (6)

Cialdini, R. B. (2001): *Die Psychologie des Überzeugens*. Huber, Bern

DGB: *Informationen zur Angestelltenpolitik*. 3/1997

Edmüller, A. (2001): *Manipulationstechniken*. Haufe, Planegg

Furst, C. J. (1983): *Estimating alcoholic prevalence*. In: Galanter, M.: „Recent development in alcoholism". Plenum Press, New York

Freedman, J. L. & Frazer, S. C. (1966): *Compliance without pressure: the foot-in-the-door-technique*. J. of Personality and Social Psychology (4)

Goethe, J. W. von (1949): *Dichtung und Wahrheit*. In: „Goethes Werke in Auswahl", 3. Band, Herausgeber: Paul Wigler. Aufbau Verlag, Berlin

Hofmann, E. (2000): *Einstellungsgespräche führen – Bewerber aus der Reserve locken*. Luchterhand, Kriftel

Hofmann, E. (2001): *Weniger Stress erleben – wirksames Selbstmanagementtraining für Führungskräfte*. Luchterhand, Kriftel

Hofmann, E. (2001): *Professionell präsentieren – wie Manager selbstsicher und stressfrei vor Gruppen sprechen*. Luchterhand, Kriftel

Hofmann, E. (2002): *Expertendiagnose Mobbing*. Personalwirtschaft 4/2002

Hume, D. (1742): *Eine Untersuchung über den menschlichen Verstand*. Philosophische Bibliothek, Meiner Verlag, Hamburg

Kaleko, M. (1983): *Heute ist morgen schon gestern*. dtv, München

Küpper, W. & Ortmann, H. (1988): *Mikropolitik*. Westdeutscher Verlag GmbH, Opladen

Lazarus, A./Lazarus, C./Fay, A. (1996): *Fallstricke des Lebens*. Klett-Cotta, Stuttgart

Mackensen, L. (1971): *Das moderne Fremdwörterlexikon*. Südwest Verlag, München

Meyers großes Handlexikon (1985): Bibliographisches Institut, Mannheim

Pallak, M. S./Cook, D. A. & Sullivan, J. J. (1980): *Commitment and energy conservation*. Applied Social Psychology Annual (1)

Prochasa, J. A. & DiClemente, C. C. (1992): *Stages of change in the modification of problem behaviour*. In: Hersen, M./Eisler, R. M. & Miller, P. M. (Eds): „Progress in behaviour modification". Newbury Park, CA: Sage

Schulz von Thun, F. (1981): *Miteinander reden – Störungen und Klärungen*. Rowohlt, Reinbek

Smith, J. M. (1990): *Sage Nein ohne Skrupel*. mvgVerlag, München

Ullrich de Muynck, R./Ullrich, R. (1976): Das Assertiveness Training Programm. Pfeiffer, München

Yerkes, R. & Dodson, J. D. (1908): *The relationship of strength of stimulus to Rapidity of habitformation*. J. of Comp. Neurol. Psych. (18)

Kontakt

Kontaktadresse für Informationen über Seminare zu den Themengebieten dieses Buches:

Dipl.-Psychologe
Eberhardt Hofmann
Neulandstraße 24
88046 Friedrichshafen
Telefon (0 75 41) 5 68 75

Stichwortverzeichnis

A

B

D

E

N

O

P

R

S

T

U

V

W

Y

Z

Über den Autor

Der Diplom-Psychologe *Eberhardt Hofmann*, 1959 geboren, ist im Bereich der Führungskräfteentwicklung tätig. Seit mehr als 10 Jahren führt er bei den verschiedensten Institutionen (Bildungsanbieter, Betriebe, Behörden) Seminare zum Thema Manipulation und Sozialkompetenz durch. Er lebt in Friedrichshafen.